Laurie Beth Jones

JESUS CHRISTUS, MANAGER

Laurie Beth Jones

JESUS CHRISTUS, MANAGER

Biblische Weisheiten für visionäres Management

Aus dem Englischen von
Elisabeth Maravic

SIGNUM

Die Deutsche Bibliothek – CIP-Einheitsaufnahme

Jones, Laurie Beth:
Jesus Christus, Manager : biblische Weisheiten für visionäres Management / Laurie Beth Jones.
[Aus dem Engl. von Elisabeth Maravic]. – 3. Auflage – Wien : Signum-Verl., 1998
Einheitssacht.: Jesus, CEO <dt.>
ISBN 3-85436-202-1

Signum Verlag Ges.m.b.H. & Co. KG
A-1031 Wien, Lothringerstraße 14
E-Mail: contact.us@signum.voei.at
Website: http://www.signum.at

Cover: Heinz Linhart
Umschlagfoto: © Gemäldegalerie Staatliche Museen Preußischer Kulturbesitz, Berlin (West) / Jörg P. Anders
Grafik: B. Breiner
Druck: Ueberreuter Buchbinderei und Buchproduktion Gesellschaft m.b.H., A-2100 Korneuburg, Industriestraße 1

ISBN 3-85436-202-1

Wien 1998

Widmung

Für meine Mutter, Irene Jones, die mich gelehrt hat, daß jedermann einen Traum verdient.

Für meinen Mentor, Catherine Calhoun, die mich gelehrt hat, daß jeder Traum einen Plan haben muß.

Und für meine Teilhaberin, Mary Ellen Dempsey, die den Traum und den Plan sah und sagte: „Gehen wir's an."

Inhalt

STÄRKE DER HANDLUNG

STÄRKE DER BEZIEHUNGEN

ANHANG

Vorwort

Jesus Christus, Manager: Biblische Weisheiten für visionäres Management ist ein praktischer Leitfaden, der Sie Schritt für Schritt mit den wahren Kommunikations- und Motivationstechniken vertraut machen soll. Er basiert auf den Fähigkeiten der Selbstführung und Persönlichkeitsentwicklung, der Handlung und der Beziehungen, mit denen Jesus sein Team schulte und motivierte. Er kann auf jede Art von Geschäft, Kundendienst oder Projekt angewandt werden, bei dem mehr als eine Person zur Erreichung eines Ziels notwendig ist, und von jedem, der sich daran wagt, umgesetzt werden.

Einleitung

Sie haben vielleicht schon vom Alpha-Managementstil gehört, der auf dem maskulinen, autoritären Einsatz von Macht basiert.

Ebenso haben Sie vielleicht schon vom Beta-Managementstil gehört, der auf dem femininen, kooperativen Einsatz von Macht basiert.

In diesem Buch werde ich den Begriff des Omega-Managementstils einführen, der beide Prinzipien in sich vereint und erweitert.

Jesus Christus, Manager: Biblische Weisheiten für visionäres Management beruht auf drei einfachen Prämissen:

1) Eine Person schulte zwölf Menschen. Nach dessen Tod beeinflußten diese zwölf Menschen die Welt in einem solchen Ausmaß, daß die Geburt jener Person zum Ausgangspunkt der Zeitrechnung wurde (v. Chr.; n. Chr.).
2) Diese Person arbeitete mit einem Stab, der nur menschliche Seiten und nichts Göttliches an sich hatte ... ein Stab, der trotz Analphabetismus, fragwürdiger Vergangenheit, Mißmut und vorübergehender Feigheit die ihm zugewie-

senen Aufgaben erfüllte. Er tat dies hauptsächlich aus einem Grund – um wieder mit ihm vereint zu sein.

3) Der Führungsstil jener Person war dafür bestimmt, von uns angewandt zu werden.

Die Idee, in Jesus einen Manager zu sehen, kam mir vor zwanzig Jahren, als ich in den Bergen wohnte. Zu jener Zeit erkannte ich, daß Jesu Art des Managens einige typisch feminine Qualitäten aufwies und seine Einstellung zu seinem Stab den Managementstilen und -techniken, die ich passiv und aktiv immer wieder erlebt hatte, oft vollkommen widersprach. Als ich zehn Jahre später meine eigene Werbeagentur gründete und Unternehmen auf allen Ebenen kennenlernte, war ich von der großen Zahl von „Orientierungslosen" in den Firmen betroffen. Zu oft mußte ich mit ansehen, wie unschätzbare menschliche Energie und Intelligenz zu wenig oder gar nicht genutzt wurde. Mehrfach wurde ich Zeugin von Mißbrauch, Vernachlässigung und Gewalt. Ich beschloß, dieses Buch zu schreiben, um einen Anstoß zur Umkehr zu geben und Führungskräfte auf allen Ebenen darin zu bestärken, sich wieder auf die göttliche Einzigartigkeit in sich selbst und den Menschen, denen sie dienen, zu *besinnen.*

Ebenso stört es mich, daß fast alle Bücher über Führung und Management von Männern geschrieben werden, wo doch Frauen die am schnellsten wachsende Gruppe von Geschäftsinhabern in den USA darstellen. In einem Bericht von *USA Today* hieß es, daß Frauen bald mehr Beschäftigte haben werden als die 500 größten von *Fortune* aufgelisteten Firmen zusammengenommen. Auch sind fast achtzig Prozent aller Unternehmen in den USA Kleinbetriebe mit zwanzig oder weniger Angestellten. Kleine Unternehmen, die von innovativen Führungskräften und Managern geleitet werden, sind die Hoffnung und Stärke Amerikas. In dieser sich so rasch und tiefgreifend verändernden Geschäftswelt scheint es mir, daß kreative und innovative Vorbilder mehr als jemals zuvor vonnöten sind. Ich glaube, die Welt verlangt nach Führungskräften, die aufbauen wollen, statt alles niederzureißen, die erziehen wollen, statt alles und jeden auszubeuten, und die unterstützen und vergrößern wollen, anstatt zu beherrschen. Jesus beeindruckte mich als erhabenstes Beispiel einer Führungspersönlichkeit.

Ich glaube, daß der Omega-Managementstil, den Jesus praktizierte, die Vorzüge des (maskulinen) Alpha- und (femininen) Beta-Managementstils optimal in sich vereint und sogar noch weiterführt, da die spirituelle Energie jeden von uns, weiblich oder männlich, dazu befähigt, als Führungskraft den Anforderungen des nächsten Jahrtausends gerecht zu werden.

Wer in diesem Buch Tips für das schnelle Geld oder die besten Managementkniffe sucht, ist hier fehl am Platz. Ich will Menschen ansprechen, die bereit sind, zu säen, um zu ernten, und die erkennen, daß der Arbeitsplatz, an dem wir den größten Teil unseres Lebens verbringen, in Wahrheit heiliger und fruchtbarer Boden ist.

Der Auswahlprozeß

In nur allzu menschlicher Denkweise hoffen Sie wahrscheinlich darauf, daß Ihre neuen Mitarbeiter engelsgleich sein werden, müssen dann aber feststellen, daß der erste, auf den sie treffen, nicht den Duft von himmlischem Leuchtfeuer, sondern den Gestank von Schmutz und totem Fisch verströmt.

Der nächste, den Sie zu sich in Ihr Team holen, ist nicht Absolvent einer Eliteuniversität, sondern arbeitet als Steuereintreiber für die verhaßte Regierung. So setzt sich der Auswahlprozeß fort ... Ihre Mitarbeiter und Anhänger werden von Bäumen geholt und auf Hinterhöfen und Hafenmolen aufgelesen.[1]

Schließlich sehen Sie sich den kleinen Kreis der Auserwählten an, und Ihnen wird bewußt, daß diese Gruppe Sie überleben wird, daß dieses Team Ihnen bei der Erfüllung jener Aufgabe helfen muß, die Sie allein nicht bewältigen können: die Welt zu verändern. Sie haben drei Jahre, um sie zu unterweisen. Was tun Sie?

Diese Frage mußte sich Jesus als junge Führungskraft stellen, und er war, wie viele von uns, auf andere angewiesen, um sein Ziel zu erreichen.

Im Laufe meines Studiums der Führungstechniken Jesu begannen sich drei Kategorien von Stärken dieses ursprünglichen Omega-Führers herauszukristallisieren:

- die Stärke der Selbstführung und Persönlichkeitsentwicklung
- die Stärke der Handlung
- die Stärke der Beziehungen

Vielleicht sind Sie im Moment nur auf einem oder zwei dieser Gebiete ein Meister. Managementerfolge lassen sich jedoch nur durch eine optimale Kombination erzielen. Ein Arzt, zum Beispiel, der auf dem Gebiet der Selbstführung und Persönlichkeitsentwicklung stark ist und auch Handlungsstärke beweist, dem es aber an den notwendigen Fähigkeiten im Umgang mit Menschen fehlt, wird nur begrenzt Karriere machen können. In gleicher Weise sind wir alle mit den negativen Folgen vertraut, die politische Führungspersönlichkeiten tragen müssen, wenn sie Handlungs- und Beziehungsstärke besitzen, es aber an Selbstführung und Persönlichkeitsentwicklung mangeln lassen. Ziel dieses Buches ist es, Ihr Bewußtsein für jede dieser Kategorien zu steigern und Ihnen bei deren Aneignung behilflich zu sein.

STÄRKE DER SELBST-FÜHRUNG UND PERSÖNLICH-KEITSENTWICK-LUNG

Behüte nichts so sorgsam wie dein Herz, denn Leben quillt aus ihm hervor!

Sprüche 4:23

Er sagte: „Ich bin“

Was wäre geschehen, hätte Jesus nicht sofort gewußt, wer er war oder was für Gaben er in sich hatte? Was, wenn es ihm erst langsam zu Bewußtsein gekommen wäre, so wie es jedem von uns bewußt wird? Vielleicht hat ihm seine Mutter von den rätselhaften Ereignissen rund um seine Geburt erzählt. Vielleicht bewahrte sie die schönen Gefäße, die die drei Weisen gebracht hatten, auf einem Regal in seinem Zimmer auf, und der Knabe holte sie in der Nacht herunter, hielt sie in den Händen und grübelte.

Möglicherweise wußte er jedoch schon von Anfang an, wozu er berufen war und wartete nur auf den richtigen Moment, um seine Kräfte freisetzen zu können. Wie auch immer es gewesen sein mag, ich denke, daß Jesus in die Wüste hinausgehen mußte, um herauszufinden, wer er war – daß eine Wüstenerfahrung ein wichtiger Teil seiner Entwicklung und Bestimmung war, in gleichem Maße wie für jeden von uns.

Ich nahm einmal an einem Treffen von Bauunternehmern teil, bei dem die Möglichkeit einer Joint-ventures besprochen wurde. Jeder Unternehmer hatte eine eindrucksvolle Zusammenfassung aller notwendigen Aktivitäten für das geplante Vorhaben ausgearbeitet. Plötzlich – zu unser aller Verwunderung – stand der Leiter der Projektgruppe auf und begann, im Detail einen der größten Fehlschläge seines Lebens zu beschreiben. Er sprach darüber, wie ihm der Übereifer, für seine Investoren Geld zu machen, den Blick für einige wichtige Trends in der öffentlichen Meinung verstellt hatte. Er sagte: „Ich bin heute viel vorsichtiger und trage erst alle Fakten zusammen, bevor ich meine Ideen in die Praxis umsetze." Der Mann neben ihm gab dann mit leicht gerötetem Gesicht zu, ebenfalls einige Male nicht gerade genial gewesen zu sein. Einmal hätte er sogar ein riesiges Stück Bauland gekauft, dessen Untergrund, wie sich später herausstellte, aus hartem Fels bestand.

Als das jüngste Mitglied der Gruppe an der Reihe war, über einen seiner Fehler der Vergangenheit zu sprechen, rutschte es nervös herum und sagte: „Na ja, jeder weiß, daß ich viele Erfolge gehabt habe." Der Projektleiter wies ihn sanft zurecht: „Komm schon, Charlie. Leg deinen *Fels* auf den Tisch. Wenn du keinen Mißerfolg erlebt hast, kannst du nicht Teil dieser Gruppe sein."

Was er wirklich meinte, war: „Wenn du nicht durchs Feuer gegangen bist, weißt du nicht, wer du bist. Und wenn du nicht weißt, wer du bist, kannst du keine Führungskraft sein."

In der Wüste wurde Jesus vor klare Entscheidungen gestellt, die sich auf seine besonderen Gaben bezogen. Als der Teufel sagte: „Wenn du mich anbetest, wird dir die ganze Welt gehören“, sagte Jesus: „Nein.“ Der Teufel sagte: „Dann stille deinen Hunger und befiel, daß diese Steine Brot werden.“ Und wieder antwortete Jesus: „Nein.“

„Stürze dich von der Spitze des Tempels hinab und siehe, ob deine Kraft ausreicht, um dich zu ewigem Leben auferstehen zu lassen.“ Jesus blickte Satan ins Gesicht und sagte: „Nein.“ Und schließlich, nach vierzig Tagen der Versuchung und der Läuterung in der glühend heißen Wüste, kehrte er als eine Person zurück, die sehr klare Vorstellungen über ihre Identität und ihre Berufung hatte.[2] Jesus wurde versucht, seine Gaben selbstsüchtig einzusetzen, und er hatte widerstanden.

Es ist kein Zufall, daß Jesus erst nach der Wüstenerfahrung begann, die Worte „Ich bin“ zu verwenden, wenn er sich selbst beschrieb.[3]

Als die Juden Gott im Alten Testament baten, sich selbst zu benennen, war die einzige Antwort, die sie erhielten: „ICH BIN, der ICH BIN!“[4] Die Schlichtheit dieses Satzes unterstrich für sie seine Macht. Daher spiegeln die Worte *ICH BIN* die gesamte schöpferische Macht des Universums wider.

Frage

Was für eine Wüstenerfahrung hat Ihnen geholfen, mehr Klarheit über Ihre Gaben zu erlangen?

Frage

Listen Sie im Detail all Ihre „Ich bin“-Aussagen auf.

Frage

Schreiben Sie drei positive und kraftvolle Wortbilder nieder, die Sie selbst beschreiben. Zeichnen Sie sie auf. Zum Beispiel: „Ich bin eine Brücke."

Er setzte seine „Ich bin"-Aussagen in die Tat um

Jesus hielt nicht Rückschau auf sein Leben und sagte: „Hmmm ... Ich muß der Sohn Gottes gewesen sein." Er erklärte sich selbst zum Sohn Gottes[5] und ließ den Beweis folgen.

Jesus vergegenwärtigte sich immer wieder den Erfolg seiner Bemühungen. „Das Wort kehrt nicht erfolglos zu mir zurück, ohne daß es vollbracht, was ich wollte, und durchgeführt, wozu ich es sandte."[6]

Viele würden Jesus wahrscheinlich als den demütigsten Menschen beschreiben, der je die Erde betreten hat. Und doch muß man sich nur vor Augen halten, was er über sich selbst in der Bibel gesagt hat. Jesus fand nur positive Worte über sich selbst.

„Ich tue allezeit, was Gott wohlgefällig ist."[7] „Gott erhört allezeit meine Gebete."[8] War das Hochmut oder erleuchtete Schöpferkraft und Selbsterkenntnis? Wenn Sie das Alte Testament lesen, werden Sie entdecken, daß Jesus einige der schönsten Verse später auf sich selbst anwandte. Jesu Darstellung seiner Mission als Überbringer guter Botschaften stammt zum Beispiel aus dem Buch des Propheten Isaias. Er verinnerlichte Schönheit und gab sie als sein eigen wieder.

Ein Sprichwort besagt: „Die Flüche eines Mannes werden zu Boden fallen und ihn wie einen Mantel umhüllen." Was für ein kraftvolles Bild! Was wäre, wenn jedes von uns ausgesprochene Wort zu Boden fallen und uns wie ein Gewand umhüllen würde? Wie sähe unsere Kleidung dann aus?

Worte haben enorme Kraft. Und Jesus fand ausschließlich liebende, kraftvolle und zuversichtliche Worte über sich selbst.

Es ist interessant, Spitzenathleten über sich selbst reden zu hören. Ich las einmal einen Artikel, in dem eine der größten Tennisspielerinnen aller Zeiten ein verlorenes Spiel analysierte. Trotz ihrer Niederlage war alles, was sie über sich selbst sagte, positiv. Menschen, die Erfolg haben, äußern im Selbstdialog nur Gutes über sich selbst. Es gibt im Evangelium keine einzige Stelle, in der Jesus negativ über sich selbst spricht. Jesus wußte über sich Bescheid und liebte sich.

Er setzte seine „Ich bin"-Aussagen in die Tat um.

Frage

Wem teilen Sie Ihr ureigenes Selbst täglich mit?

Frage

Wenn jedes von Ihnen ausgesprochene Wort zu Boden fiele und Sie wie ein Gewand umhüllte, wie würde Ihre „Garderobe“ des Selbstgesprächs aussehen?

Frage

Mit welchen guten, reinen, wahren und schönen Worten geben Sie Ihrem Geist täglich Nahrung?

Er war in ständigem Kontakt mit seinem Boß

Wir alle sind einer höheren Instanz verpflichtet. Jeder Grundschüler, der schon einmal etwas von der Nahrungskette gehört hat, kann Ihnen sagen, daß sogar der König des Dschungels in letzter Konsequenz auf der Speisekarte kleiner Insekten steht. Es gibt keinen Menschen, der nicht Gefahr laufen könnte, von jemandem „zum Frühstück verspeist zu werden". In Wahrheit beginnen die Probleme erst, wenn man zu glauben beginnt, niemandem verpflichtet zu sein.

Jesus wußte, wer sein Boß war, und er war täglich mit ihm in Verbindung.

Ed Koch, einer der am öftesten wiedergewählten Bürgermeister New Yorks, pflegte auf seinen Rundgängen durch die Stadt die Leute zu fragen: „Wie mache ich mich?" Man liebte ihn dafür, und für viele war seine Offenheit der Grundstein für seine Popularität.

Al Neuharth, Gründer der Tageszeitung *USA Today,* reiste durchs Land und fragte die Leute, was für eine Zeitung sie gerne lesen würden. Für diesen Mann mit einem Jahresgehalt von über einer Million Dollar waren seine Bosse jene Menschen, die ihr Geld am Kiosk ablieferten. Er nahm sich die Zeit, mit den Leuten, denen er diente, in Verbindung zu bleiben.

Ein Vorfall, der bestens geeignet ist, die negativen Folgen von Kontaktverlust zu demonstrieren, ereignete sich, als das Kuratorium eines nationalen Gesundheitsverbandes eines Tages beschloß, den Jahrestag der Organisation ganz groß zu feiern. Alle Mitglieder wurden gebeten, dreißig Prozent ihrer Zeit der Vorbereitung der Geburtstagsgala zu widmen. Schon bald mußten die Direktoren der staatlichen Zweigstellen feststellen, daß dieser Plan bei ihren Mitarbeitern auf große Ablehnung stieß, und sie teilten dies den Repräsentanten der nationalen Büros (der Geburtsstätte des Plans) auch mehrmals mit. Jene Repräsentanten, deren Haupteinstellungsgrund oft nur in ihrer Fähigkeit begründet war, dem Generaldirektor in allem beizupflichten, erwähnten die Unpopularität des Plans beim Kuratorium mit keinem Wort, da es das Lieblingsprojekt des Direktors war. Als eine Newcomerin bei einer Kuratoriumssitzung den Versuch machte, das Thema anzuschneiden, brachte sie der Direktor mit einem vernichtenden Blick schnell zum Schweigen.

Der Tag der großen Feier war gekommen. Medienvertreter und bedeutende Mitglieder des Regierungskabinetts waren eingeladen worden – aber nur elf Leute erschienen. Neun davon waren Kuratoriumsmitglieder. Fast 60.000 Dollar waren ausgegeben worden, um das Ereignis zu promoten, aber niemand hatte einen müden Pfennig für ein Wattestäbchen übrig, um sich vorher die Ohren auszuputzen. Die Kuratoriumsmitglieder hatten vergessen, mit ihrem Boß bzw. ihren Bossen zu kommunizieren, den einfachen Mitgliedern des Verbandes, den sie vertraten. Bei ihrem Führungsstil gab es nur Spiegel, keine Fenster.

Jesus war mit seinem Boß täglich, gewöhnlich mehrere Stunden lang, beisammen. Diese Zeit war nur für diesen Zweck ausersehen, freigenommen und in Ehren gehalten und konnte durch nichts gestört werden.

Als Führungskraft ist es unerläßlich, daß Sie mit Ihrem Boß regelmäßigen Kontakt pflegen. Dies sollte Ihnen heilig sein. Aller Wahrscheinlichkeit nach kann Ihnen Ihr Boß eine Überblicksperspektive bieten, die Ihren Weg viel klarer vorzeichnen wird.

Jesus war in ständigem Kontakt mit seinem Boß.

Frage

Wissen Sie, wer Ihr Boß wirklich ist?

Frage

Zeichnen Sie ein Bild Ihrer „Nahrungskette".

Frage

Wie regelmäßig kommunizieren Sie mit Ihrem Boß?

Er blieb seiner Mission treu

Jesus kannte seine Mission, und er wich nie davon ab. Er erklärte, daß es die Essenz seiner Mission sei, Menschen den Weg zu einem besseren Leben zu zeigen. Er sah sich selbst als Lehrer und Heiler.

Ein altes Sprichwort besagt: „Wenn du sie besiegen willst, lenke sie ab." In der Wüste wurden Jesus mehrere „Geschäftsmöglichkeiten" geboten, die nichts mit seiner Mission zu tun hatten.

Jede dieser Möglichkeiten war auf Talente bezogen, die Jesus besaß und in der einen oder anderen Form während seines Wirkens auch nutzte. Aber er widerstand ihnen, weil sie nicht in das Konzept seiner Mission paßten.

Halten Sie für einen Moment inne, und führen Sie sich die Dinge vor Augen, die Jesus nicht tat. Da gibt es jemanden, den eine himmlische Macht mit unbegrenzten Kräften ausgestattet hat. Er hätte buchstäblich alles tun können. Und doch baute er keinen Tempel und auch keine Synagoge. Weder schrieb noch vertrieb er Bücher, er hat nicht einmal alle Kranken dieser Welt geheilt. Er ging nicht auf die Friedhöfe und erweckte alle Toten zum Leben. Er baute keine Einkaufszentren. Seine Mission war genau abgesteckt.

Jesus blieb seiner Mission treu.

Frage

Was ist Ihre Mission? Können Sie sie in ein oder zwei Sätzen beschreiben?

Frage

Fühlen Sie manchmal, daß Sie das Leben anderer Menschen zum Besseren wenden könnten?

Frage

Sind Sie in der Lage, Möglichkeiten aufzulisten, die sich Ihnen auf Ihrem Weg gerade bieten, bei denen es sich jedoch in Wirklichkeit um Ablenkungen handeln könnte? Wie sehen sie aus?

Er glaubte an sich

Jesus war eine der zuversichtlichsten Personen aller Zeiten. Er sah sich selbst als jemanden, der den Menschen einen entscheidenden Weg öffnet. Er nannte sich selbst *Das Tor ... Die Tür.* Er glaubte, daß seine Rolle darin bestand, andere zu nähren. Er nannte sich selbst *Der Wein ... Der Hirte.* Er sagte, er sei gekommen, um den Pfad zu erleuchten. Mit anderen Worten, er strotzte vor Selbstvertrauen.

An sich selbst zu glauben ist für eine Führungskraft unerläßlich, da „ein Haus, das in sich gespalten ist, nicht stehen kann". Wer hin und her schwankt, sendet keine klaren Signale aus. Wie eine Sopranistin, die Glas zum Zerspringen bringen kann, wenn sie den hohen Ton trifft und hält, so kann auch eine Führungskraft, die diesen hohen Ton ohne zu zittern hält, Wände niederreißen. Jesus war sich keinen Moment im unklaren darüber, wer er war und was er tun sollte.

Ich besuchte einmal ein Seminar, dessen Leiter folgende Frage stellte: „Wie viele von Ihnen glauben hundertprozentig an sich?“ Zwei Leute hoben die Hand. Daraufhin ging er mit dem Prozentsatz immer weiter hinunter, und mehr und mehr Seminarteilnehmer hoben ihre Hände. Die Mehrzahl der Menschen in jenem Raum glaubte zu fünfundsiebzig Prozent an sich. Dann fragte der Seminarleiter: „Wieso haben Sie Angst, fünfundzwanzig Prozent weiter zu gehen? Was denken Sie würde passieren?“

Der Gruppenleiter fragte: „Erkennen Sie nicht, daß Macht etwas ist, das Sie sich nehmen, und nicht etwas, das Ihnen gewährt wird?“ Ich bezweifelte dies zunächst, dachte dann aber daran, daß ich selbst schon erlebt hatte, wie jemand im Rahmen einer Gruppe das Zepter in die Hand nahm, ohne dafür explizit autorisiert gewesen zu sein. Warum steigen manche Menschen sogar auch dann in Führungspositionen auf, wenn sie gar nicht danach gestrebt haben? Vermutlich deshalb, weil sie Selbstvertrauen ausstrahlen. Sie haben Macht über sich selbst, und diese Energie wird von anderen empfangen.

Möglicherweise denken wir, daß hundertprozentiger Glaube an uns selbst mit Arroganz gleichzusetzen ist. Arroganz ist jedoch ein Zeichen von mangelndem Selbstvertrauen, nicht von Selbstsicherheit. Jesus war niemals arrogant oder präpotent anderen gegenüber. Sogar als er gefesselt vor das Gericht des Sanhedrin, des Ältestenrates, geworfen wurde, war er nicht arrogant. Es kam ihm andererseits jedoch auch niemals in den Sinn, seine Macht zu verleugnen.

Mein Vater, ein Mann der Tat, hatte nie viel für Poesie übrig. Doch ich werde niemals jenen Tag vergessen, an dem er mich beiseite nahm, um mit mir meine Collegekarriere zu planen. Er sagte: „Laurie, aus der Schulzeit ist mir nur ein einziges Gedicht in Erinnerung geblieben. Es lautet: ‚Ich handelte mit dem Leben um einen Penny, um später zu erkennen, verdrossen, ich hätte vom Leben alles bekommen können, hätte ich einen besseren Handel geschlossen.'" Er sah mir in die Augen und sagte: „Geh einfach an, was du tun willst. Du kannst alles erreichen, was du dir vornimmst."

Wie, glauben Sie, würde es auf der Welt aussehen, wenn jeder hundertprozentig an sich glauben würde? Wieviel Schaden wird in diesem Land und weltweit täglich angerichtet, weil die Menschheit so wenig Selbstachtung besitzt?

Wieviele Male haben Menschen gesagt:

„Ich glaube nicht, daß ich die Macht habe, irgend etwas zu ändern, also werde ich mir ein Gewehr organisieren und diesem Burschen zeigen, wer hier wirklich der Boß ist."

„Ich schaffe es einfach nicht, mein Leben in positiver Weise zu verändern. Mir bleibt nichts als die Flucht in die Droge."

„Aus mir wird nie etwas Ordentliches werden, also kann ich gleich meine Sorgen ertränken. Einen Doppelten, bitte."

„Ich habe Angst, daß du meine Autorität untergräbst, also spür diese Faust, dieses Messer, diesen Kinnhaken ..."

Diese Liste ließe sich endlos fortsetzen. Wenn wir nur an uns selbst glauben könnten, wäre es um die Welt besser bestellt.

Jesus sagte, er sei vom Himmel gekommen und zum Himmel werde er zurückkehren. Er kam, um uns zu lehren, was Himmel bedeutet und wie wir diesen Zustand hier auf Erden und, noch wichtiger, in uns selbst erreichen können.

Jesus glaubte hundertprozentig an sich.

Frage

Wie stark glauben Sie an sich selbst?

Frage

Was müßte passieren, damit Sie vor Selbstvertrauen strotzen?

Er hatte innere Anker

Jesus sagte: „Warum liebt ihr die Ehre bei den Menschen mehr als die Ehre bei Gott?"[9] Er war eine effektive Führungspersönlichkeit, weil er innere Anker hatte. Er war nicht auf Zustimmung von außen angewiesen. Seine Handlungen waren unabhängig von dem, was Petrus, Johannes und Jakob dachten. Als Johannes der Täufer begann, an ihm zu zweifeln, warf ihn das nicht aus der Bahn. Es war ihm egal, ob der Kaiser lächelte oder finster dreinblickte.

Haben Sie je diesen euphorischen Rausch verspürt, der Ihnen sagt, daß die Entscheidung, zu der Sie sich durchgerungen haben, genau die richtige ist? Es gibt viele verschiedene Namen dafür – in sich ruhen, ein Hochgefühl haben, begnadet sein. Wer dies empfunden hat, berichtet, daß es sich mit nichts vergleichen läßt. Eine Frau meinte, es sei so, als ob man sich allein auf weiter See befinde und absolute Stille herrsche, obwohl winkende Leute am Ufer zu sehen seien. Sie beschrieb es folgendermaßen: „Nichts bedeutete mir so viel wie dieser stille, ruhige Punkt des Seins. Alles andere schien so bedeutungslos zu sein ... fast als ob es nur ein Marionettenspiel wäre." Sie sagte, sie hätte sich Gott nie näher gefühlt, obgleich ihre Entscheidung viele Leute in ihrer Umgebung vor den Kopf gestoßen hat.

Die Omega-Führungskraft hat ein Rückgrat aus Stahl, wenn es darum geht, das Richtige zu tun. Sie werden vielleicht lange danach suchen müssen, aber wenn das hohe „C" – der Ton, der im Einklang mit Ihrer Seele schwingt – einmal gefunden ist, werden Sie, Gott und das Schicksal zur *Harmonie* verschmelzen. Und andere werden innehalten, ihre Ohren spitzen und sich um Sie zu scharen beginnen.

Jesus hatte innere Anker.

Frage

Was sind Ihre inneren Anker?

Frage

Von welcher Person suchen Sie Zustimmung?

Er bewahrte seine Energie

Wenn es in Ihrer Macht läge, zu tun, was immer Sie wollen, wie würden Sie dann entscheiden, was zu tun ist? Dies scheint ein geringfügiges Problem zu sein, man denke aber zum Beispiel an Erben großer Vermögen. Vielen von ihnen rinnt das Geld bald wie Sand durch die Finger. Das gleiche gilt für Leute, die unbegrenzte Freizeit haben und sie oft in Aktivitäten investieren, die Körper und Geist schädigen. Zuviel kann manchmal genauso belastend sein wie zuwenig.

Jesus hatte unglaubliche Energien, und er wußte sie zu steuern. Er war sich so klar über seine Mission, daß er viele tatsächliche und potentielle *Energieverluste* vermeiden konnte. Obwohl er beispielsweise ein Lehrer war, ließ er sich nicht auf sinnlose Debatten mit Menschen ein, die nicht lernen, sondern nur einen Streit vom Zaun brechen wollten. Sogar bei seinem Prozeß verschwendete er weder Zeit noch Energie auf seine Verteidigung, die, so wußte er, doch in Wahrheit nutzlos sein würde.

Obwohl Jesus nicht besonders gut für sich werben konnte, vergeudete er keine Energie mit Betteln oder Manipulation, um andere dazu zu bringen, ihm zu folgen. In der Tat unterwies er seine Mitarbeiter, „den Staub von ihren Füßen zu schütteln“[10] und wegzugehen, wenn man ihre Worte nicht hören wollte. Er sagte auch, daß sie „ihre Perlen nicht vor die Schweine werfen sollten“[11], ein sehr anschauliches Bild für die Wichtigkeit, abzuschätzen, für wen und in welcher Weise wertvolle Energie eingesetzt werden sollte.

Jesus war sich seiner Energie so bewußt, daß er einmal, als eine Frau mitten in einer Menschenmenge ihre Hand ausstreckte und sein Gewand berührte, sich umdrehte und fragte: „Wer ist es, der mich berührte?“[12] Seine Begleiter waren erstaunt, da sich auf seinem Weg viele um ihn drängten, ihn schoben und stießen. „Meister, die Leute drängen und drücken dich“, antworteten sie. „Nein, ich spürte eine Kraft von mir ausgehen“, sagte er. Dann wandte er sich jener Frau zu, die ihn um Heilung bat. Ihr intensives Verlangen sog seine Energie an, so daß er buchstäblich ihren Glauben *fühlen* konnte.

Es wird erzählt, daß er durch Wände ging, ohne Türen zu öffnen, und bekanntlich aus einem versiegelten Grab auferstand. Dieser Mann beherrschte das Wesen der Energie – besonders seiner eigenen –, und er setzte sie sehr umsichtig ein.

Wie viele *Energieverluste* müssen wir täglich in unserem Leben hinnehmen? Verluste, wie zornige Worte, Ablenkungen oder Einmischung in Angelegenheiten anderer, während wir unsere eigenen vernachlässigen.

Als Führungskraft braucht man ungeheure Mengen an Energie. Das ist vielleicht ein Grund, warum viele Entertainer und Rockstars von Energieschüben, ausgelöst durch Alkohol oder andere Drogen, abhängig werden. Sie geben so viel Energie an die Massen ab, daß sich ihre eigenen Reserven völlig erschöpfen. Dann brauchen sie schnellstens eine Dosis Instantenergie.

Eine enge Freundin von mir, bekannt für ihre hochentwickelten intuitiven Fähigkeiten, kam vor kurzem von einem Treffen zurück, bei dem viele schwelende Probleme zutage traten und offene Konflikte ausgetragen wurden. Mit einem tiefen Seufzer sank sie in ihren Stuhl und sagte müde: „Ich glaube, meine geistigen Fühler wurden verletzt." Sie hat gelernt, Methoden zu entwickeln, um ihre „Antennen" wiederaufzuladen. Stilles Gebet, Ausruhen und Alleinsein haben sich für sie als wirkungsvolle Regenerationsmöglichkeiten erwiesen ... nicht zu vergessen eine entspannende Runde Golf.

Die meisten Führungskräfte sind intuitive Menschen, andernfalls wäre es ihnen nicht möglich, Dinge zu hören und zu sehen, die niemand sonst hören und sehen kann. Daher müssen sie sich auch bewußt sein, daß ihre Energien nicht unerschöpflich sind, und es sich zur Priorität machen, diese Energiereserven zu bewahren.

Energie ist überall, aber Stille spielt bei der Umwandlung von „potentieller" zu „aktivierter" Energie eine entscheidende Rolle. In „Callaway Gardens" erfuhr ich mit Staunen, daß Schmetterlinge ihre Flügeln im morgendlichen Sonnenschein öffnen *müssen,* weil die Schuppen auf ihren Flügeln wie Solarzellen funktionieren. Ohne diese Energiequelle könnten sie nicht fliegen. Es ist sicher kein Zufall, daß die meisten Anführer und Propheten im Alten Testament Hirten waren – also Menschen, die viel Zeit haben, um zuzuhören. Wenn in den Bergen kein Schnee liegt, steht der Ebene Trockenheit bevor. Jedermann muß mit seiner Energiequelle im Einklang stehen.

Jesus bewahrte seine Energie.

Frage

Welche *täglichen Energieverluste* halten Sie von der Konzentration auf das Wesentliche ab?

Frage

Wie laden Sie ihre Energiereserven wieder auf? Wie oft?

Er wagte sich an die schwierigen Dinge

Ein *Profi* kann als eine Person definiert werden, die sich selbst dann Mühe gibt, wenn sie sich nicht danach fühlt. Mit anderen Worten, ein Profi läßt sich niemals von momentanen Stimmungen treiben. Profis bleiben auf die erfolgreiche Durchführung ihrer Mission konzentriert und wagen sich an die schwierigen Dinge.

Viele charismatische und populäre Führungspersönlichkeiten geraten in Kalamitäten, wenn sie aufhören, die *schwierigen Dinge* anzugehen, nur um Beifall oder Zuneigung zu bekommen. Politiker, die bei all ihren Entscheidungen auf Meinungsumfragen schielen, bleiben nicht sehr lange an der Spitze. Wenn Sie Ihr Managementprogramm nur von Meinungsumfragen oder Popularitätswettbewerben abhängig machen, wird Ihnen leider das gleiche Schicksal zuteil werden. „Die Massen tendieren zur Mittelmäßigkeit", sagte schon Aldous Huxley, und Meinungsumfragen eignen sich nur schlecht als Quelle von Visionen. Die schwierigen Dinge nicht zu wagen, wird Ihnen früher oder später zum Verhängnis werden.

Ein einstmals beliebter Fernsehprediger hatte Charisma, ein Produkt beziehungsweise eine Dienstleistung, die eindeutig Popularitätspunkte brachten und eine beeindruckende Schar von Anhängern. Da er jedoch steuerliche Prioritäten und Verpflichtungen nicht richtig einzuschätzen und zu erkennen wußte, landete er im Gefängnis.

Es ist so wichtig, niemals den Draht zu seinem inneren Wissen zu verlieren. Das Schwierige zu tun bedeutet vor allem, sich von der öffentlichen Meinung nicht von dem Weg abbringen zu lassen, den Ihr Herz, Ihr Gespür, Ihr Geist und Ihr Instinkt Ihnen weisen.

Petrus versuchte, Jesus davon abzuhalten, nach Jerusalem zu gehen. Er fühlte die Gefahr und behielt recht. Jesus wußte jedoch, daß dies Teil eines größeren Plans war. Daher „verhärtete er sein Antlitz“[13] und richtete es nach Jerusalem, obwohl er die Konsequenzen kannte.

Vielleicht zeichnet sich die wahre Führungspersönlichkeit durch ihre Bereitschaft aus, notfalls auch einsame Entscheidungen zu treffen. Es muß für Jesus schwierig gewesen sein, zu Menschen nein zu sagen. Sein ganzes Wesen schien von Natur aus ja zu sagen. Aber er sagte nein. Er sagte nein zu dem eifrigen jungen Mann, der ihm folgen wollte. Er sagte nein zu seiner Mutter, als sie seine Lehrtätigkeit zu unterbrechen versuchte. Er sagte nein zu Judas, als dieser ihn zur Politik überreden wollte. Er sagte nein zu den Versuchungen in der Wüste. Er sagte zuweilen auch nein zu sich selbst: „Ich werde davor nicht weglaufen. Ich werde den Kelch, den mir der Vater gegeben hat, trinken."[14]

Führungspersönlichkeiten müssen nicht nur visionäre und kommunikative Fähigkeiten, sondern auch enorme Entschlossenheit beweisen. In gleicher Weise, in der sie Anhänger magisch anziehen, müssen sie ihnen auch jederzeit den Rücken kehren können, so sie nicht selbst zu Anhängern werden wollen.

Jesus wagte sich an die schwierigen Dinge.

Frage

Welche schwierigen Dinge würden Sie instinktiv am liebsten sofort in Angriff nehmen?

Frage

Sind Sie bereit, sie durchzusetzen, auch wenn Sie dafür eine einsame Entscheidung treffen müßten?

Er sagte danke

Kurz bevor Jesus Lazarus befahl, aus seinem Grab zu kommen, dankte er Gott, daß er ihn immer erhört habe.[15] In einem seiner letzten Gebete dankte er Gott, ihm Petrus, Johannes, Jakob, Maria, Martha und all die anderen gegeben zu haben.[16] Jesu Herz war voller Dankbarkeit.

Dankbarkeit ist eine Schlüsseleigenschaft jeder Führungspersönlichkeit, da sie ein Herz erkennen läßt, das offen, dem anderen zugewandt und von Glauben erfüllt ist. Wie kann jemand führen, ohne an eine Höhere Macht zu glauben und ihr Dank zu bekunden, oder wie einer besseren Zukunft entgegensehen, die auf besseren Verhaltensweisen begründet ist?

Einer der atemberaubendsten Anblicke, die San Diego zu bieten hat, ist der Sonnenuntergang am Strand. Wenn die Sonne langsam am Horizont versinkt, erheben sich Hunderte Möwen und wenden sich als Abschiedsgeste schweigend dem Schauspiel zu. Pelikane fliegen in perfekter Formation vorbei und streifen in ihrem Gruß an die sterbende Sonne die Spitzen der Wellen. Auf der Brücke jenseits des Strandes lassen sich Tausende Vögel auf den elektrischen Drähten nieder und blicken zur Sonne, um dem Tag Lebewohl zu sagen. Vielleicht beten sie auch im stillen: „Danke Gott, daß du es weißt und dich darum sorgst, sogar wenn nur einer von uns fällt. Danke Gott, daß nach deinem Willen sogar die Spatzen nicht hungrig bleiben."

Jesus sagte danke.

Frage

Sagen Sie danke, *bevor* Sie von jemandem etwas verlangen, seien es Gott, Ihr Boß oder Ihre Mitarbeiter?

Frage

Ist Ihnen klar, daß ein Herz voller Dankbarkeit Sie möglicherweise vor einer Transplantation desselben bewahren könnte?

Er war ständig in Feierstimmung

Möglicherweise liebte Jesus das Feiern so sehr, weil er während einer Party geboren wurde. Ich glaube, jedes Ereignis, bei dem der Himmel selbst eine Lichtshow inszeniert, Leute von weit herkommen, um Geschenke zu bringen, und Heerscharen von Engeln singen und Anweisungen geben, kann als Fete von gigantischen Ausmaßen bezeichnet werden. Das muß ihn für immer geprägt haben.

Eines seiner ersten Wunder war die Verwandlung von Wasser zu Wein (nicht Essig). Als sein Bekanntheitsgrad und seine Popularität zunahmen, erhielt er ständig Einladungen zum Abendessen bei Nikodemus, Petrus oder reichen jungen Leuten. In der Nacht vor seiner Gefangennahme versammelte er seinen Stab um sich, um mit ihm gemeinsam Lieder zu singen und ein Mahl zu teilen.

Wenn große Menschenmengen zu ihm kamen, bestand er darauf, niemanden mit leerem Magen heimzuschicken. Er schaffte es immer irgendwie, etwas zu essen für seine Gäste aufzutreiben. Mit dem Lunch eines Knaben speiste er Tausende Menschen.[17] Er erzählte von einem König, der ein Festmahl arrangiert hatte und zornig und enttäuscht war, als niemand erschien. Er sprach von einem Vater, der eine Party in großem Stil aufzog, um die Heimkehr seines abtrünnigen Sohnes zu feiern. Nachdem Jesus von den Toten auferstanden war, ging er an den Strand und bereitete ein Fischbarbecue – eine Art von „Teampicknick".

Er kam von einem sehr glücklichen Ort und wußte, daß er an diesen glücklichen Ort zurückkehren würde. Als Jesus sagte: „Wo zwei oder drei versammelt sind in meinem Namen, da bin ich mitten unter ihnen"[18], dachte er wahrscheinlich insgeheim schon an eine Party. Stand denn da nicht auf seinen Einladungen: „Ich gehe hin, um euch eine Stätte zu bereiten."[19]?

Ich denke, Jesus will uns sagen, daß wir doch nicht alles so schwer nehmen sollen. „Warum macht ihr euch solche Sorgen?" fragte er. „Seht ihr nicht die Lilien ... wie schön sie sind? Glaubt ihr, daß euch euer Vater ein weniger prächtiges Gewand geben wird?"[20]

Auf einer meiner Reisen begegnete ich einmal einem jungen Mann, der, nachdem wir uns vorgestellt hatten, meinte: „Das muß gefeiert werden." Sogleich ging er zum Kofferraum seines Mercedes und förderte eine Flasche Sekt zutage. Er war ein sehr freundlicher, direkter Mensch, ein erfolgreicher Vertreter mit einem ansteckenden Lachen und einer großen Portion Humor. Ich fragte ihn: „Haben Sie immer eine gekühlte Flasche Sekt im Kofferraum Ihres Autos?" „Oh ja", sagte er und hob sein Glas, um darauf zu trinken. „Das

Leben ist voller Gelegenheiten, die man feiern kann, und ich habe nicht vor, eine einzige davon zu versäumen."

Ein Zehnjähriger fragte mich einmal, ob ich wüßte, was die ersten Worte von Jesus nach seiner Auferstehung gewesen seien. „Nein", antwortete ich. „Sag' schon!" Er breitete seine Arme aus, machte mit einem breiten Grinsen einen Sprung nach vorn und sagte: „Ta-dah!"

Jesus war ständig in Feierstimmung.

Frage

Wie oft ... und was ... feiern Sie?

Frage

Feiern Sie nur die großen Dinge? Welche kleinen Dinge lassen sich begießen?

Frage

Wann war Ihre letzte Feier?

Er besaß es

Eigentum ist ein interessantes, aber schwer zu definierendes Konzept, setzt es doch einen permanenten Besitzzustand voraus. Zugleich sind uns aber alle Dinge, sogar das Leben selbst, nur geliehen. Autor und Managementberater Ken Blanchard meint, daß visionäre Führungskräfte die Ressourcen des Lebens nur als Darlehen betrachten, während Personen, die in engen Grenzen denken, über die „Erwerbsphase“ nicht hinauskommen.

Ein Künstler und guter Freund wollte mir einmal eine besondere Geburtstagsüberraschung bereiten. Er verband mir die Augen, und wir fuhren bei Sonnenuntergang eine lange, gewundene Straße bergauf. An einem besonders schönen Aussichtsplatz hielt er das Auto an, nahm mir das Tuch ab und ließ mich langsam die Augen öffnen. Vor mir erwachte die Stadt zum Leben ... so als hätte Gott irisierende Diamanten über ein Meer aus schwarzem Samt ausgestreut. „Das schenke ich dir zum Geburtstag“, sagte er. „Die gesamte Stadt gehört dir.“

Es wäre doch möglich, daß Gott die gleichen Worte Jesus zuflüsterte, als er ihn auf die Welt sandte. Aus seinen

Handlungen war klar ersichtlich, daß er alle Dinge als sein eigen beanspruchte. Ob es darum ging, einen Esel zu finden, der ihn in die Stadt trägt, ein Obergemach, um zu beten, Wein für eine Hochzeit oder sogar Geldmünzen, um des Kaisers Steuern zu bezahlen, Jesus sah sich nicht als einen Bettlerkönig. Er nutzte seinen göttlichen Eigentumsanspruch, um die Dinge herbeizuschaffen, die er brauchte, wann immer er sie brauchte. Und viele Male wurden sie freiwillig und freigebig von jenen gebracht, denen er diente.

Der Eigentumsanspruch von Jesus hatte aber nichts mit noblesse oblige zu tun. Ich muß da immer an den Witz über einen berühmten Schriftsteller denken, dessen Freund ihm eines Tages mitteilt, daß er in seinem Haus nicht mehr willkommen sei. „Wieso nicht?" fragt der Schriftsteller mit verkatertem Blick. „Tja, Ernest, um ehrlich zu sein liegt der Grund darin, daß du in die Stadt kommst, all meine Vorräte aufißt, all meinen Wein austrinkst und meine Hilfsbereitschaft mit deinen Forderungen über Gebühr strapazierst. Und abgesehen davon, mir gefällt nicht, wie du meine Frau ansiehst." „Tja", sagt der Schriftsteller überrascht und angewidert. „Wozu sind Freunde denn sonst da?"

Im Garten Eden sagte Gott zu Adam und Eva: „Das alles will ich euch geben. Nehmt es und kümmert euch darum."[21] Er sagte dasselbe zu Abraham: „All dieses Land will ich dir schenken."[22] In einer Parabel beschreibt sich Jesus selbst als den „Winzer", der ausgesandt wurde, um den Weinstock zu hegen. Er sah in der Welt und den Menschen in ihr seine Verantwortung, sein Erbe und seinen Besitz. Das ganze Universum war sein, und er war sich dessen bewußt. Möglicherweise ist dies ein Grund, warum man ihn „König" nannte. Es war die Art, wie er die Welt betrachtete und sich in ihr bewegte.

Jesus sagte: „Alles, was der Vater hat, ist mein." Jede Galaxie, jedes neugeborene Schaf, jeder im Netz zappelnde Fisch, alles, was der Vater hatte, war sein, und er wußte es. Er „besaß es".

Wenn sich nur jeder von uns die himmlische „Urkunde", die auf unseren Namen ausgestellt ist, einmal näher ansehen könnte. Wenn wir sie nur studieren und unser Erbe auswendig lernen könnten, würden wir anders mit diesem Planeten umgehen. Wir würden sanfter sein, und vielleicht auch sicherer und kraftvoller. Um ein Geschenk besitzen zu können, muß man es zuerst empfangen.

Jesus hatte Macht, weil er es „besaß".

Frage

Wovon können Sie mit innerster Gewißheit sagen, daß Sie es *besitzen?*

Frage

Was versuchen Sie zu *besitzen?*

Frage

Wie können Sie es wirklich *besitzen?*

Er vergeudete keine Zeit damit, über andere zu urteilen

Jesus sah es als großen *Energieverlust* an, über andere zu urteilen. Viele Male brachte er zum Ausdruck, daß er nicht gekommen sei, um zu urteilen, sondern um zu helfen. Zerstörerische Aktivitäten waren ihm keine Minute seines Lebens wert. Er nutzte seine Energie ausschließlich, um zu erschaffen und zu erneuern. Sein Job war es nicht, über andere Urteile zu fällen.

Er sagte: „Denkt nicht, daß ich euch anklagen werde. Eure eigenen Worte klagen euch an."[23] Er wußte um unsere Eigenverantwortlichkeit. Jeder konnte seine eigene Wahl treffen, und er verließ sich auf uns.

Verurteilung bringt jeglichen Fortschritt zum Stillstand. Wenn wir als Führungskräfte über andere urteilen, behindern wir uns selbst in unserem Vorwärtskommen. Wenn wir über andere urteilen, ist es auch unserer eigenen Arbeit nicht zuträglich, da wir nicht mit der Energie, die *uns selbst* vorwärtsbringt, harmonieren. Manchmal urteilen wir unbewußt über andere, zum Beispiel, wenn wir herausfinden wollen, wo sie gerade im Wettbewerb stehen.

Jesus sagte zu Petrus: „Was geht es dich an, was ich zu Johannes sage?“[24] Richten Sie Ihren Blick auf Ihr eigenes Vorwärtskommen.

Er urteilte über niemanden, weil er wußte, daß das letzte Wort noch nicht gesprochen war. Selbst der Dieb, der neben ihm ans Kreuz genagelt wurde, kam ins Paradies, weil er mit seinem letzten Atemzug die Wahrheit erkannte. Jesus sagte: „Komm schon, Kumpel. Wir gehen nach Hause. Ich möchte dir meinen Dad vorstellen.“[25]

Jesus vergeudete weder Zeit noch Energie damit, über andere zu urteilen.

Frage

Erleiden Sie Energieverluste, weil Sie über andere urteilen?

Frage

Was können Sie tun, um zu unterstützen, anstatt zu urteilen?

Er verlieh seine Gefühlen Ausdruck

Viele der Großverdiener in unserem Land sind Entertainer, Schauspieler und Sportler. Was haben sie alle gemeinsam, warum sind wir nur allzu gerne bereit, sie für ihre Leistungen mit derart hohen Summen zu honorieren? Ich glaube, wir bezahlen diese Leute dafür, das Sprachrohr unserer Empfindungen zu sein.

Wir werden inspiriert, wenn Schauspieler mit Wölfen tanzen. Wir sind begeistert, wenn Schauspielerinnen knifflige Kriminalfälle lösen. Es reißt uns von den Sitzen, wenn Sportler durch die Luft fliegen und den Ball mit voller Wucht in den Korb schlagen. Wir lieben es, wenn diese Menschen unseren Träumen, unseren Hoffnungen und unseren Phantasien Ausdruck verleihen.

Unsere Gesellschaft neigt sehr stark dazu, Gefühle zu unterdrücken. Aus diesem Unvermögen heraus, eigene Emotionen auszuleben, suchen wir uns Idole, die das können und auch tun. Als Elvis auf der Bühne rockte, sagte er: „Wahnsinn, manchmal geht die Musik einfach mit mir durch!“ Die Zuschauer fielen reihenweise in Ohnmacht, weil auch sie von der Musik überwältigt werden wollten. Elvis erlaubte es ihnen.

Wenn Tennisspielerinnen wie Gabriela Sabatini oder Steffi Graf den Tennisball übers Netz knallen, kommt es uns so vor, als ob auch wir da draußen auf dem Platz schwitzen würden. Wir spüren, wie sich unsere Muskeln anspannen und das Blut in unseren Adern pocht.

Wenn Clark Gable Scarlett im Sturm erobert oder David Copperfield Tiger von der Bühne wegzaubert, lassen wir uns im Nu in eine Phantasiewelt entführen. Wir sehen ehrfürchtig und staunend zu und sind ganz begierig, dafür auch Geld auszugeben. Diese Leute sind sehr talentiert, und wir benutzen sie gewissermaßen als Ventil für unsere eigenen Gefühle.

Eine enge Freundin von mir ist Bewährungshelferin und arbeitet in Jugendgefängnissen mit Gangmitgliedern, mit diesen Kindern, die aus vorbeifahrenden Autos heraus wahllos auf Menschen schießen. Ein von ihr speziell entwickeltes Programm soll ihnen helfen, sich besser auszudrücken. „Sie scheinen nur zwei Emotionen zu kennen", erzählt sie. „Zorn und Loyalität. Ich versuche, ihnen beizubringen, daß es ein breites Spektrum von Emotionen gibt, die sie empfinden können, nicht nur rot oder schwarz." Ihren großen Durchbruch erzielte sie mit einem jungen Mann namens Jimmy, der seinen Zorn wie ein Banner vor sich hertrug. „Bist du zornig oder einfach nur enttäuscht?" fragte sie. „Schau auf die Gefühlskala und sei so präzise wie möglich." Er dachte lange nach und zeigte dann langsam auf das Wort *enttäuscht*. Möglicherweise liegt ein Grund für die Entstehung von Gewalt in der Unfähigkeit, rohe Emotionen genau zu formulieren und zu identifizieren.

Unsere unglaublichen gottgegebenen Sinne nützen uns gar nichts, wenn wir sie mit Chemikalien wie Alkohol oder anderen Drogen zuschütten und abstumpfen. Ein ganzes Orchester von Emotionen wird unterdrückt, wenn wir Belanglosigkeiten wie „Tja, so ist das“ oder „Nichts für ungut“ murmeln und die Chance für eine echte Gefühlsäußerung verstreichen lassen. Wenn wir die Graffiti der Gangs (oder der Mitarbeiter) immer wieder nur übermalen, werden wir uns nie die Zeit nehmen, um herauszufinden, was sie uns sagen wollen. Was soll es überhaupt bringen, Gefühle zu übertünchen? Im Endeffekt werden tiefe Regungen immer einen Weg nach draußen finden.

Jesus hat seinen Gefühlen oft und lautstark Ausdruck verliehen. Er machte klare Aussagen über seine Empfindungen anderen Menschen oder Situationen gegenüber. Er wußte, wie man seinen Gefühlen Ausdruck verleiht und faßte es in Worte.

Im Markusevangelium findet man eine bewegende Geschichte, die von einem Jungen handelt, der einen „stummen und tauben Geist“ in sich trug, der „ihn starr machte und ihn sogar ins Feuer warf, um ihn umzubringen.“ Der Vater des Knaben kam zu Jesus und sagte zu ihm: „Wenn du etwas vermagst, so habe Erbarmen mit uns und hilf uns!“ Jesus antwortete: „Wenn du etwas vermagst? Alles ist möglich dem, der glaubt.“ Jesus schalt den unreinen Geist und gebot ihm, aus dem Körper des Knaben zu fahren. Und dann heißt es weiter: „Jesus faßte ihn an der Hand und richtete ihn auf, und er stand auf.“[26]

Lassen Sie uns einen Moment bei diesem Vers verweilen: „Der stumme und taube Geist war so schmerzhaft, daß der Junge sich ins Feuer stürzte." Das klingt nach demselben Geist, der viele unserer jungen Leute heute plagt. Die Bandengewalt nimmt drastisch zu. Die Selbstmordrate bei Teenagern schnellt in die Höhe. Vielleicht werfen sich unsere jungen Menschen ins Feuer, weil es die Gesellschaft nicht versteht, ihnen zuzuhören und zu helfen, ihren Gefühlen Ausdruck zu verleihen. Vielleicht ist *unsere* geistige Stummheit und Taubheit der Dämon, der unsere Zukunft und die unserer Kinder zunichte macht.

Jesus verlieh seinen Gefühlen Ausdruck und half anderen dabei, dasselbe zu tun.

Frage

Welche Gefühle wollen Sie mit Arbeit, Hyperaktivität oder künstlich hergestellten Mitteln betäuben?

Frage

Was benutzen oder kaufen Sie, um Ihre Gefühle zu betäuben?

Frage

Wer wird von Ihnen bezahlt, um zum Sprachrohr Ihrer Gefühle zu werden (zum Beispiel Politiker, Schauspieler, Schriftsteller)? Was kostet Sie das? Finanziell? Emotionell?

Er war bereit, sich zum Gespött zu machen

Was haben die folgenden Charaktere gemeinsam?

- Ein spleeniger Ingenieur
- Ein Zauberer
- Ein Kellner
- Ein Nudist
- Ein Bettler
- Ein Verrückter
- Eine Haremsdame
- Eine ungehörige Frau
- Ein Blasphemiker

Es sind dies angenommene beziehungsweise zuerkannte *Rollen* nachfolgender Personen:

- Noah (entwarf und baute die Arche mitten in einer Wüste)
- Moses (verwandelte Wasser zu Blut)

- Nehemias (war Mundschenk eines Königs)
- Isaias (lief drei Jahre lang nackt umher)
- Elias (mußte eine Witwe um Nahrung bitten)
- König David (spielte den Verrückten, um aus der Gefangenschaft zu entkommen)
- Königin Ester (brachte es bis zur Lieblingsfrau des Königs)
- Maria (empfing ein Kind vor der Ehe)
- Jesus (behauptete, Gott gleich zu sein)

Gott weiß wenig mit Menschen anzufangen, die sich ständig fragen: „Was werden die Nachbarn denken?" Führungspersönlichkeiten müssen bereit sein, Opfer zu bringen und nötigenfalls ihr öffentliches Image aufs Spiel zu setzen.

Können Sie sich vorstellen, was passiert, wenn ein ehrgeiziger junger Mann einer Gruppe von Bankern gegenübertritt, einmal in die Runde blickt und ihnen eröffnet: „Ich beabsichtige, auf Basis einer Maus, einer guten Fee und sieben Zwergen ein Milliardenimperium zu errichten. Werden Sie mir helfen?" Er würde nur schallendes Gelächter ernten. Wie Sie wahrscheinlich bereits vermuteten, war dieser ehrgeizige junge Mann Walt Disney. Heutzutage liegt die Hauptaktivität des Disney-Unternehmens in der Verbreitung und Verwertung genau jener Ideen und Charaktere, die dieser „dumme Cartoonist" geschaffen hat.

Ron Grover erzählt in seinem Buch *Die Disney-Story* die Geschichte von Roy Disney. Roy war Walts geschäftstüchtigerer Bruder, der immer versuchte, Walts „Unfug" einzubremsen. Nach dem Bau von Disneyland teilte Roy Walt in aller Freundlichkeit mit, daß keine neuen Ideen mehr gebraucht würden. Ja, Roy verbat Walt regelrecht, weiterhin Geld für die Entwicklung neuer Ideen auszugeben.

Aus eigener Tasche finanzierte Walt ein Team von Ingenieuren, das sich nachts geheim in einem Lagerhaus auf dem Disneygelände traf. Diese Crew entwickelte das Konzept für das EPCOT Center. Walt war ein Mann, der nicht aufhörte, „Unfug" zu planen.

Grover berichtet auch von Michael Eisner, seines Zeichens eine Hälfte des Wunderteams, das Disney zu seinem heutigen Status als Wirtschaftsimperium geführt hat. Eisner wurde beinahe nicht eingestellt, weil ihn einer der Hauptaktionäre als einen jungen Mann beschrieb, der „die Klötze, die er hat, meistens nur anders zusammenstellen will". Ein hochrangiges Vorstandsmitglied antwortete darauf: „Das ist genau die Art Führungskraft, die wir brauchen. Stellen Sie ihn ein, und suchen Sie mir zehn weitere von seiner Sorte."

Walt Disneys erstes geschäftliches Experiment endete im Bankrott. Thomas Edison brauchte Tausende Fehlversuche, bis er die Glühbirne erfand. Benjamin Franklin, der Dummkopf, der von einem Dach im strömenden Regen einen Drachen fliegen ließ, setzte sich als einer der ersten Millionäre des Landes zur Ruhe.

Jesus war bereit, sich zum Gespött zu machen. Und dies war der Schlüssel zu seinem Erfolg. Es klingt ja nicht gerade nach Erfolgsrezept, auf einem Esel in die Stadt zu reiten, zur Bezahlung der Steuern fischen gehen zu müssen und bei einem Fest zu vergessen, den Wein mitzubringen.

Auch steht auf der Checkliste eines Königs kaum, wie ein verschmähter Liebhaber zu weinen, Einladungen für ein Fest auszusenden, die kaum jemand beachtet, und von Haus zu Haus zu gehen und an die Türen zu klopfen.

Omega-Führungskräfte dürfen keine Angst haben, sich zum Gespött zu machen. Sie müssen den Plan weiterverfolgen, den sie erahnen, aber nur Gott sehen kann.

Er war bereit, sich zum Gespött zu machen.

Frage

Sind Sie, als Führungspersönlichkeit, bereit, sich zum Gespött zu machen?

Frage

Listen Sie zehn Führungskräfte auf, die sich zu irgendeiner Zeit ihres Lebens in den Augen der Welt zum Gespött gemacht haben.

Er schlug den Esel nicht

Im Alten Testament wird eine Geschichte über den Propheten Bileam erzählt. Er brach zu einer Mission auf, die Gott mißfiel und darin bestand, jemanden zu verfluchen. Bileam ritt auf seiner Eselin, als diese plötzlich mitten am Weg stehenblieb. So hart der Prophet sie auch schlug, sie rührte sich nicht von der Stelle. Ohne die Eselin konnte Bileam sein Vorhaben nicht ausführen. Also schlug er immer wieder auf das Tier ein, offensichtlich dem Managementstil folgend, der auf Angst und Einschüchterung basiert. Schließlich rief die Eselin: „Wieso schlägst du mich? Habe ich dir nicht all die Jahre treu gedient?“ Da sprach ein Engel zu Bileam: „Du Narr, hör auf, sie zu schlagen. Deine Eselin hat dir gerade das Leben gerettet, denn wenn du diese Mission ausgeführt hättest, wärst du getötet worden. Ich hätte nämlich dich umgebracht und die Eselin am Leben gelassen.“ Der Engel verschwand, und ich kann mir lebhaft vorstellen, wie Bileam seine Eselin am Rückweg immer wieder dankbar herzte und küßte.[27]

Es besteht nur ein feiner Unterschied zwischen dem Widerstand, den uns Gott entgegenbringt, um uns einen anderen Weg zu weisen, und dem Widerstand, der für uns eine Mutprobe sein soll. Wenn die Ihnen passiv entgegengesetzten Kräfte Sie dazu bringen, Gewalt anzuwenden, um den Weg freizumachen, sind Sie höchstwahrscheinlich nicht auf dem Pfad zu Gott. Wenn Sie alles in Ihrer Macht Stehende tun, um eine bestimmte Situation herbeizuführen, und es gelingt Ihnen trotzdem nicht, dann muß irgendwo auf Ihrem Weg ein Engel sein, also schlagen Sie den Esel nicht. Halten Sie für einen Moment inne, genießen Sie den Duft der Blumen und überdenken Sie Ihre Route ... und Ihre Mission.

Als die römischen Soldaten kamen, um Jesus festzunehmen, war Petrus sofort zu seiner Verteidigung zur Stelle und auch bereit, massive Gewalt einzusetzen. In der Tat hieb er einem der Soldaten das rechte Ohr ab.[28] Jesus hatte in diesem Moment die Chance, wegzulaufen, aber er wußte, daß der römische Soldat Teil des Plans war. Er schlug den römischen „Esel" nicht. Er wußte, es war Zeit.

Der Arzt Bernie Siegel schockt seine Krebspatienten, wenn er sie fragt: „Warum haben Sie diese Krankheit gebraucht?" Seiner Theorie zufolge bricht unser Körper zusammen, um uns eine Botschaft zu geben ... und oft ist es eine Botschaft, die wir bisher ignoriert haben. Laut Dr. Siegel sagen viele Patienten, obwohl naturgemäß niemand krank sein will, daß der Krebs das Beste war, das ihnen passieren konnte. Sie lernten, das Leben zu schätzen und ihre Gefühle ihren Lieben gegenüber auszudrücken. Sie konnten nun ihre künstlerischen Talente ausleben, wofür sie vorher nie Zeit hatten. Sogar eine Krankheit kann ein Segen sein.

Eine Reifenpanne, durch die wir ein Flugzeug versäumen ... verpaßte Treffen, die ein Projekt verschieben ... dies alles können Esel sein, die uns vor einer Gefahr bewahren, welche wir zu erkennen nicht in der Lage sind.

Oftmals ist man dann der Wahrheit am nächsten, wenn man das Gefühl hat, am weitesten von ihr entfernt zu sein. Und wenn Sie sich fühlen, als ob Sie Berge versetzen könnten, lauert die Gefahr möglicherweise schon an der nächsten Ecke.

Wenn der Esel, auf dem Sie reiten, plötzlich nicht mehr weiter will, schlagen Sie ihn nicht. Steigen Sie ab, und suchen Sie den Engel, der Ihnen im Weg steht. Dieser Esel könnte Ihr Leben retten. (Sie haben nicht umsonst so große Ohren bekommen.)

Jesus schlug den Esel nicht.

Frage

Welche Ereignisse in Ihrem Leben erinnern Sie am stärksten an einen bockenden Esel?

Frage

In welcher Situation hat ein „bockender Esel" Sie tatsächlich vor etwas beschützt?

Er zeigte leidenschaftliches Engagement für die Sache

Ein Freund fragte mich einmal: „Was glaubst du wollte Jesus seinen Stab lehren, als er die Geldwechsler aus dem Tempel vertrieb?“[29] Ich sagte ihm, er interpretiere meiner Meinung nach da zu viel hinein.

Manche sagen, daß er es tat, um Gottes Verachtung für die Habgier zu zeigen; andere wieder meinen, daß er einfach seine Beherrschung verlor. Ich glaube, daß sein emotionsgeladenes Herz überfloß und eine Handlung auslöste. Nennen Sie es Zorn oder Rechtschaffenheit, hier waren ohne Zweifel starke Emotionen im Spiel. Führungspersönlichkeiten wissen, wie man schreit und jammert, und sie müssen es oft auch tun.

Der berühmte Autor, Dozent und Berater Tom Peters ist oft sehr emotionell bei seinen Beratungssitzungen. Er schreit, brüllt und stampft mit den Füßen, um den Klienten seinen Protest gegen eine dumme, archaische Geschäftspolitik möglichst eindringlich zu demonstrieren. Einige Leute meinen, er könne sich dieses Verhalten nur deshalb erlauben, weil er schon berühmt ist. Ich bin jedoch davon überzeugt, daß einer der Gründe für seinen Aufstieg darin zu sehen ist, daß er seine Leidenschaft niemals verbirgt ... er ist immer der *Höchstleistung* verpflichtet.

Eine Führungskraft, die nicht leidenschaftlich engagiert ist, wird auch anderen nicht viel Engagement entlocken können. Die Welt steht demjenigen offen, der weiß, was er will, denn Leute mit leidenschaftlichem Engagement sind so rar, daß sie nur wenig Konkurrenz zu fürchten haben. In der Heiligen Schrift gibt es viele Beispiele für Gottes Reaktion auf fehlendes Engagement. Jesus sagte: „Wärst du doch kalt oder warm! So aber, weil du lau bist, bin ich daran, dich auszuspeien aus meinem Munde.“[30] Er rief seinen Mitarbeitern ständig ins Gedächtnis, wie wichtig Engagement für seine Sache sei. Er war bereit, den Weg allein zu gehen – und tat es auch, als er den Preis für sein Engagement bezahlen mußte.

Eines meiner Lieblingsbeispiele für leidenschaftliches Engagement ist die Geschichte von Elias, der die Propheten des Baal und ihre Götzen herausforderte. Elias wandte sich an die Nichtgläubigen und sagte, er werde beweisen, daß es nur einen Gott gäbe, indem er Gott bitten würde, Feuer vom Himmel zu regnen, um ein Brandopfer zu verzehren. Elias sagte: „Wenn Gott meine Gebete nicht erhört, sind eure Götter wahr und ihr könnt mich töten.“ Er zerstückelte das Opfer in viele Teile und legte es auf den Altar. Dann goß er Wasser darüber, um jeden Zweifel über die Quelle des Feuers auszuräumen. Schließlich, als sich all seine potentiellen Henker um ihn versammelt hatten, rief er den Himmel an:

„Okay, Gott, beweise, was ich gesagt habe." Da fiel das Feuer des Herrn herab und verzehrte das Brandopfer vor ihren überraschten Augen. *Das* nenne ich engagierte Führung.[31]

Elias hatte *Feuer.* Bevor Elias die Erde verließ, fragte er seinen Schützling, den Propheten Elisäus, ob er ihm einen Wunsch erfüllen könne. Elisäus antwortete: „Mögen doch von deinem Geiste zwei Erbteile mir zufallen!"[32] Er bekam, was er wollte. Elisäus erhielt so viel an Gott gebundene Energie, daß Jahre später, als ein Toter von einigen Soldaten auf Elisäus' Grab geworfen wurde, dieser Mann wieder von Leben erfüllt wurde und auf die Beine kam. Auch wenn dies in den Bereich der Legende fallen mag, so bleibt doch die starke Grundaussage, nämlich die Kraft des Einflusses. Der Einfluß wird die tatsächliche Lebenszeit eines Menschen überdauern, wenn gebundene Energie existiert.

Manchmal ist leidenschaftliches Engagement für eine Sache nicht so eindeutig erkennbar. Ich habe oft Georgia O'Keefes Hingabe an ihre Kunst bewundert. Sie war ihrer Malerei so verpflichtet, daß sie sechs Monate im Jahr allein in der Wüste verbrachte, wo sie „die Farben besser sehen" konnte. Viele kritisierten sie dafür, daß sie ihren Mann immer wieder so lange allein ließ. O'Keefe war nicht gerade als geselliger Mensch mit scharfem Witz bekannt und hätte kaum viele Popularitätswettbewerbe gewonnen. In Wahrheit haßte sie Unterbrechungen so sehr, daß sie in späteren Jahren einen stummen Diener anstellte, so daß sie nicht mit ihm sprechen und Konversation machen mußte, wenn er ihr Frühstück servierte.

Diese Hingabe an ihre Kunst scheint etwas extrem zu sein. Und doch stand ich eineinhalb Stunden in der Schlange, um ihre Ausstellung in Los Angeles zu sehen, und viele andere kamen ebenfalls, um die Ergebnisse des leidenschaftlichen Engagements dieser Frau zu bewundern. Ich sah Ehepaare, die in Limousinen vorfuhren und mit Juwelen behängt „Hello, Darlings" flöteten. Ich sah auch Teenager mit grünem Irokesenhaarschnitt und Hundehalsbändern geschmückt. Da waren Herr und Frau Maier von nebenan und eine Abordnung kleiner Kinder von der örtlichen Baptistengemeinde. Leute kamen auf Krücken, eine Frau mit einem Atemgerät, ein junger Mann im Rollstuhl. Die Schlange für Georgia O'Keefes Kunstausstellung wand sich zweimal um das Gebäude herum. Was hätten wir versäumt, hätte sich Georgia O'Keefe nicht so leidenschaftlich für ihre Sache engagiert? Was, wenn sie gesellschaftlichen Zwängen nachgegeben und Hors d'œuvres statt Meisterwerke serviert hätte?

Georgia O'Keefe war eine führende Persönlichkeit unter den Künstlern der Welt. Sie hielt ihr Engagement für die Darstellung von Schönheit in Ehren und nahm jeden Preis dafür in Kauf.

Nelson Mandela wurde nicht zum Anführer der schwarzen Freiheitsbewegung, nur weil er gut aussah oder Charisma hatte. Er machte seinen Einfluß auf der ganzen Welt geltend, indem er viele Jahre hinter Gittern saß und einsame Wege beschritt. Er saß mehr als zwanzig Jahre im Gefängnis und demonstrierte sein kompromißloses Engagement für die Freiheit – da er glaubte, daß es nicht nur ihn, sondern alle Menschen angeht.

Jesus fragte jeden seiner Mitarbeiter: „Kannst du mir wirklich folgen?"[33] Wie bei so vielen Führungspersönlichkeiten wollte jeder beim Festmahl an seiner Seite sitzen, aber keiner ihm helfen, nachher aufzuräumen. Jeder schwelgte am Palmsonntag in Euphorie, als sie ihm Palmzweige zu Füßen legten, aber keiner wollte ihn begleiten, als er das letzte Mal einen Hügel hinaufstieg, der so häßlich und einsam war, daß sein Name übersetzt „Der Schädel" bedeutet.

Führungspersönlichkeiten müssen bereit sein, den Hügel allein hinaufzusteigen.

Sie müssen leidenschaftlich engagiert sein.

Jesus zeigte zu jeder Zeit leidenschaftliches Engagement für die Sache.

Frage

Sind Sie für eine Sache leidenschaftlich engagiert?

Frage

Wie zeigen Sie Ihr Engagement?

Er bat um Edles

Als ich über die Führungspersönlichkeiten der Bibel nachdachte, begann ich auch, ihre Gebete zu studieren. Viele von ihnen hatten alle Chancen, als Gott ihnen sagte: „Ich werde dir geben, worum auch immer du mich bittest." Wie haben sie dieses himmlische Lotto ausgenützt? Zu meiner Überraschung bemerkte ich, daß sie nur um Edles baten.

Abrahams Bitte: „Hilf mir, dir zu folgen."
Moses' Bitte: „Hilf mir, dein Volk zu befreien."
Davids Bitte: „Hilf mir, den Riesen zu töten, der dein Volk bedroht."
Ester : „Hilf mir, dieses Volk zu retten."
Salomon: „Gib mir Weisheit, um dein Volk zu regieren."
Isaias: „Gib mir reine Lippen, um deine Worte zu sprechen."
Petrus: „Hilf mir, deine Schafe zu ernähren."
Jesus: „Hilf mir, ihnen deine Liebe zu zeigen."

Ich habe einen Vers gefunden, der folgendermaßen lautet: „Doch der Edle sinnt auf Edles, und nur für Edles tritt er ein."[34]

Jesus war eine Führungspersönlichkeit, die nur um Edles bat. Er bat um Heilung, um Vergebung, um Liebe. Als

Zwölfjähriger tat er die Verse aus Isaias 61 als seine Mission kund: „Den Armen Frohes zu melden, hat er mich gesandt, zu heilen, die gebrochenen Herzens sind, Befreiung zu künden den Gefangenen, ... zu trösten alle Trauernden ... ihnen zu geben Kopfschmuck statt Asche, Freudenöl statt Trauergewand, Loblied statt Mutlosigkeit." Jesus bat nur um Edles.

„Edel" ist ein so schönes Wort, heutzutage wird es jedoch kaum mehr gebraucht. Im *Wall Street Journal* erschien noch nie ein Bericht über die „Zehn Edelsten Unternehmen". Im Magazin *Inc.* wird man keine Artikel darüber finden, „Wie man ein edler Manager wird." Das Buch *Denke nach und werde reich* von Napoleon Hill wäre wahrscheinlich kaum ein Bestseller geworden, wenn er es *Denke nach und werde edel* genannt hätte.

Meiner Meinung nach ist der Mensch jedoch in seinem Innersten gut. Wenn in Zeitungen über eine Tragödie berichtet wird, die einer armen Familie zugestoßen ist, gehen Tausende Spenden ein. Bei *Good Morning America* stellte ein Finanzanalytiker vor kurzem fest, daß, obwohl wir Milliarden an Steuern zahlen, unsere Spendenfreudigkeit noch Milliarden darüber liegt.

Warum kann es kein zweites Camelot geben – eine Gruppe von Menschen, voll und ganz dem Streben nach Edelmut verpflichtet?

Heute nacht werde ich in meinen Gebeten an Edles denken, wie ich etwa mehr Licht in eine von Dunkelheit geschlagene Welt bringen kann ... wie ich zu den edlen Anliegen in der Welt meinen Beitrag leisten kann. Wenn wir alle mehr daran denken würden, könnten wir vielleicht, wie viele Führungspersönlichkeiten der Vergangenheit, zu „Adligen" werden. Weil wir um Edles gebeten haben.

Jesus bat um Edles.

Frage

Für welche edlen Dinge beten Sie?

Frage

Wer sonst betet für Edles und tut es auch?

Frage

Wie können Sie denjenigen helfen?

Er sah die Liebe als die den Plan beherrschende Macht

König David war Dichter, Athlet, Tänzer, Hirte, Krieger, Sänger und Musiker. Er war die personifizierte Leidenschaft.

Eine Geschichte über König David ist ganz besonders faszinierend. Als seine Popularität am Tiefpunkt war, begann Schimi (ein Mann aus der Familie Sauls) über ihn zu lästern und Steine nach ihm zu werfen. Davids wütende und treue Armee wollte Schimi auf der Stelle erschlagen, David jedoch sagte: „Nein. Wer weiß? Möglicherweise hat ihn Gott gesandt, um mich zu verfluchen!“[35] Diese Antwort ist verwunderlich, kennt man doch Davids Verlangen nach gewaltsamer Rache, das er in einigen Psalmen zum Ausdruck brachte. In diesem Fall zeigte es David jedoch nicht. Er weigerte sich auch Saul zu töten, obwohl er drei Gelegenheiten dazu hatte. David nannte ihn „den Gesalbten Gottes“, sogar nachdem Saul ganz offensichtlich verrückt geworden war und ihn umzubringen versuchte. Wann immer David vor der Wahl stand, jemanden zu zerstören, der ihm das Leben schwermachte, sagte er: „Nein, vielleicht hat ihn Gott gesandt."

Als Pilatus Jesus ins Gefängnis warf, sagte Jesus: „Du hättest nicht Macht über mich, wäre es dir nicht gegeben von oben."[36] Mit anderen Worten, er sah die Soldaten und selbst den Prozeß als Teil von Gottes Plan. Sowohl David als auch Jesus waren geistig in der Lage, Ungerechtigkeit zu akzeptieren und sie als Teil eines größeren, von Liebe erfüllten Plans zu sehen.

Guten Leuten widerfahren schlechte Dinge. Für viele ist das Leben ein unfairer Kampf. Autor und Prediger Terry Cole Whitaker erzählte die folgende Geschichte von Dan Millman, die veranschaulicht, daß wir Dinge nicht einfach als gut oder schlecht abstempeln können, weil wir niemals Zugang zu allen Informationen haben.

Eines Tages kaufte ein Mann einen Hengst, und alle seine Freunde sagten: „Das ist gut." Tags darauf lief der Hengst davon, und seine Freunde sagten: „Das ist schlecht." Zwei Wochen später kehrte der Hengst mit einer Herde von Stuten zurück. Die Freunde sagten: „Das ist gut." Am nächsten Tag brach sich sein Sohn die Schulter, als der Hengst ihn abwarf. Die Freunde sagten: „Das ist schlecht." Einen Monat später brach Krieg aus. Da der Junge verletzt war, konnte er nicht in den Krieg ziehen. Seine Freunde sagten: „Das ist gut."

Die Geschichte läßt sich endlos mit einseitigen gut/schlecht-Urteilen von Ereignissen fortsetzen. In Wahrheit sind jedoch all diese Ereignisse miteinander verbunden und haben gegenseitige Wechselwirkungen. Eine Führungskraft kann daran verzweifeln, wenn sie versucht, *gut* von *schlecht* zu trennen und Ereignisse, die jedesmal in einem anderen Licht erscheinen, in eine Schublade zu stecken. Und doch konnte David die Beleidigungen ertragen, und Jesus war ganz ruhig, als sein Leben und seine Arbeit vor seinen Augen unweigerlich dem Ende zugingen. Er hatte alles getan, was in seiner Macht stand. Der Rest war in den Händen einer höheren, größeren Macht. Er glaubte und wußte, daß die Liebe die den Plan beherrschende Macht war.

Paulus sagte in seinem Brief an die Römer 8:28, daß „denen, die Gott lieben, alles mitwirkt zum Guten, denen, die nach seinem Ratschluß berufen sind."

In Psalm 139 sagt David: „Meine Glieder waren vor dir nicht verborgen, als ich im geheimen gebildet wurde. Die Lebenstage wurden gebildet, als noch keiner von ihnen da war." Als ihn Zweifel und Unruhe quälten, schrieb er als Balsam für seine Seele auch ein schönes Lied, das ich mir selbst vorsage, wenn alles schiefzugehen scheint.

In allem wohlgeordnet und gesichert.
All mein Glück und all mein Wünschen,
fürwahr, er ließ es gut gedeihen![37]

Auch dies war die Lebensphilosophie Jesu.

Er betrachtete Gott als seine einzige Quelle und die Liebe als die den Plan beherrschende Macht.

Frage

Welche *schlechten Dinge,* die es im Augenblick in Ihrem Leben gibt, könnten zum Guten gewendet werden?

Frage

Nennen Sie gute Dinge in Ihrem Leben, die aus „schlechten" Situationen der Vergangenheit resultierten.

Frage

Wen machen Sie im allgemeinen dafür verantwortlich, wenn etwas im kleinen oder großen Rahmen schiefgeht?

Frage

Wen machte Jesus verantwortlich?

Er tat trotz seiner Ängste seine Arbeit

Jesus fürchtete sich. Er sprach mit seinen Mitarbeitern über seine Ängste. Er rang mit seinen Ängsten so sehr, daß er im Garten sogar Blut schwitzte. Ohne Angst hätte Jesus uns kein Beispiel geben können. Er wäre ein Mann wie jeder andere gewesen.

Als ich vor Jahren in einer Kindertagesstätte arbeitete, blickte ein kleines Mädchen an meinen 1,75 m hoch und sagte: „Wow. Du bist wirklich groß!“ „Ja, das bin ich“, sagte ich. „Und wenn du eines Tages erwachsen bist, wirst du auch groß sein.“ Sie sah mich feierlich an und meinte: „Ich fürchte mich nicht.“

Jesus hatte ebenfalls keine Angst erwachsen zu werden, aber er mußte viel Schmerz und Grausamkeit in seinem Leben erfahren. Er fühlte die Angst.

Dr. Susan Jeffers hat ein wundervolles Buch mit dem Titel *Selbstvertrauen gewinnen. Die Angst vor der Angst verlieren* geschrieben. Sie will uns sagen, daß Angst etwas ist, das uns höchstwahrscheinlich unser Leben lang begleiten wird. Wenn wir darauf warten, daß unsere Ängste verschwinden, werden wir nie vom Fleck kommen.

Das Buch der Sprüche enthält die Geschichte über den dummen Farmer, der auf einen wolkenlosen Himmel wartet, um sein Feld zu bestellen. Es wird fast immer irgendwo am Himmel eine Wolke zu sehen sein, und jene, deren Blick geschult ist, werden sogar mehr als eine ausmachen. Auf den perfekten Zeitpunkt zu warten ist eine hervorragende Ausrede und Begründung für ein Patt, das man nicht überwinden kann.

Jesus wußte, daß der Blick nach vorne die beste Methode zum Sieg über die Angst ist. Er schreckte nicht davor zurück, nach Jerusalem zu gehen. Er trat vor seine Henker hin und bekannte mutig seine Identität. Ihm wurde vor Übelkeit beinahe schwarz vor Augen und er weinte, bis sein Schweiß zu Blut wurde – aber er ging da durch. Obwohl er Angst verspürte, stellte er sich ihr.

Angst ist in unserem Leben allgegenwärtig. Dies wurde mir klar, als ich vor ein paar Jahren mit einer Gruppe von Ärztinnen eine Visualisierungsübung durchführte. Eine Frau übernahm freiwillig die Rolle der Heldin, deren Aufgabe es war, einen Ring zu nehmen und ihn in einen streng bewachten Kelch am anderen Ende des Raumes zu legen. Zwei Frauen spielten die schlimmsten Ängste der Heldin. Den Regeln der Übung zufolge durften die Ängste sie nicht berühren, konnten aber alles andere in ihrer Macht Stehende versuchen, um sie davon abzuhalten, den Ring in den Kelch zu legen.

Die Ängste schrieen und johlten, fuchtelten mit den Armen und kletterten auf die Sesseln, um ihr den Blick auf den Kelch zu versperren. Sie probierten alles, was Angst einjagen konnte, aber die Heldin ging mutig voran, bis sie ihr Ziel erreicht hatte. Auch als sie den Ring in den Kelch fallen ließ, machten sich die Ängste lautstark bemerkbar und versuchten sie abzulenken. Sie verließen nie den Raum.

Jesus tat trotz seiner Ängste seine Arbeit.

Frage

Definieren Sie die Ängste, die Sie von Ihren Zielen abhalten.

Frage

Angenommen, Ihre Ängste werden nie verschwinden, wie lange wollen Sie warten, bevor Sie den ersten Schritt nach vorne wagen?

Er war sich seiner Ressourcen genau bewußt

Jesus hatte die erstaunliche Fähigkeit, aus dem bereits Vorhandenen das zu schaffen, was er benötigte. Er nahm, was gerade zur Verfügung stand und nutzte seine Gabe, Energie und Naturgesetze zu beherrschen – die, wie er sagte, für uns alle da sind –, um für das Nötige zu sorgen.

An einer Stelle der Bibel, mit der sich wahrscheinlich viele von uns identifizieren können, teilt einer der Mitarbeiter Jesus mit, daß die Gruppe in Schwierigkeiten sei, weil sie ihre Steuern noch nicht bezahlt habe. Jesus sagte ihm beiläufig, er solle zum See hinuntergehen, wo er einen Fisch mit einer Münze im Maul finden werde. „Damit bezahle die Steuer", sagte er.[38]

Ein andermal schickte Jesus seinen Stab an einen bestimmten Ort, wo sie einen Esel finden würden. Er wies sie an, den Leuten zu erzählen, daß der Meister ihn brauche und trug ihnen auf, den Esel zu ihm zu bringen.[39] Wieder ein andermal speiste er Tausende mit einem Laib Brot.

Vielleicht ist ein Teil der schöpferischen Fähigkeiten Jesu auf sein tiefes Verständnis für die Natur des Glaubens zurückzuführen und auf die genaue Kenntnis seiner tatsächlichen Ressourcen. Jesus selbst erschien nicht einfach in einer Wolke aus kosmischem Staub. Er kam durch den Körper eines gläubigen Menschen auf diese Welt – Maria. Auch Gott ist sich seiner Ressourcen bewußt.

Ich bitte meine Kunden oft, eine Liste ihrer Ressourcen zu erstellen und erinnere sie daran, daß Geld die unwichtigste davon ist. Meistens dauert es einige Zeit, bis sie einsehen, daß die größten Ressourcen oft die Menschen sind, die sie kennen. Joe Girard erzählt in seinem Buch *The Greatest Salesman of All Time,* daß er in Gedanken jedem Menschen, den er trifft, die Zahl 250 eingraviert. Seiner Erfahrung nach kennt jeder, den er trifft, zumindest 250 weitere Personen, die auch er kennen sollte – Personen, die vielleicht seine Freunde oder/und Kunden werden könnten.

Es ist wichtig, sich Zeit zu nehmen, um seine Leute kennenzulernen. Es wird Situationen geben, in denen ihre vielen Fertigkeiten und Talente, Freunde oder Verwandte von unschätzbarem Wert sein können. Wenn Sie Ihre Brieftasche für Ihre einzige Ressource halten, werden Sie ständig in den Gelben Seiten blättern müssen, anstatt sich auf jemanden, den Sie kennen, verlassen zu können.

Ein junger Arzt eröffnete seine Praxis in der Hoffnung, seine sportmedizinischen Fähigkeiten vermarkten zu können. Er gab Tausende Dollar für Werbeanzeigen aus, die wochenlang in der Zeitung geschaltet wurden. Das Echo war jedoch denkbar gering. Als er sich eines Tages bei seiner Sprechstundenhilfe über den flauen Geschäftsgang beklagte, meinte sie beiläufig: „Mein Mann ist Präsident des örtlichen Joggingclubs. Wieso veranstalten Sie nicht dort nächste Woche ein Seminar?" Das war genau das, wonach er gesucht hatte: ein Mensch in seiner unmittelbaren Nähe, der über die von ihm benötigten Ressourcen verfügt. Bald war sein Wartezimmer voller Menschen, die jemanden kannten, den er kannte.

Jesus war sich seiner Ressourcen genau bewußt.

Frage

Wie genau sind Sie sich all Ihrer Ressourcen bewußt?

Frage

Wie viele der „250 Kontakte" Ihrer Mitarbeiter kennen Sie?

Frage

Wie oft gehen Sie alle Ressourcen in Ihrem Notizbuch durch und bringen sie auf den neuesten Stand?

Er fühlte eine Bestimmung in sich

Fühlen Sie, daß Sie für das, was Sie tun, bestimmt sind? Wenn nicht, haben Sie vielleicht noch nicht Ihr *harmonisches C* gefunden.

Jesus sagte: „Ich weiß, woher ich gekommen bin und wohin ich gehe."[40] Obwohl er nicht alle Stationen seiner Reise gekannt haben mag, fühlte Jesus eine Bestimmung in seinem Leben. Als sich der Sturm erhob, der sein Schiff zu versenken drohte, schlief er ruhig, da er wußte, daß seine Zeit zu sterben noch nicht gekommen war. Sogar als er Pilatus übergeben wurde, sagte er zu ihm: „Du hättest nicht Macht über mich, wäre es dir nicht gegeben von oben."[41] Mit anderen Worten, es mußte Teil des Plans sein.

Vor kurzem erfuhr ich von einem Freund, welches das Schlüsselelement für das Gefühl der Bestimmung ist. Er sagte: „Große Führungspersönlichkeiten inspirieren andere im gleichen Ausmaß, in dem sie sich selbst inspirieren." Es brauchte eine Weile, bis ich den wahren Sinn dieser Worte erfaßte. Wenn der Zustand der Gnade alles umgibt und nichts mehr zählt außer das dich erfüllende Gefühl, bist du deiner Bestimmung begegnet.

Ich kannte einmal eine Frau, die in sich die Berufung zum Predigen fühlte (und lange dagegen angekämpft hat). Eines Tages sagte sie nachdenklich zu mir: „Etwas hat mich immer wieder zu meiner Berufung zurückkehren lassen." „Was?" fragte ich. „Tja, immer wenn ich aufstand und begann, über den Herrn zu sprechen, vibrierten meine Lippen. Es war, als ob meine Zellen tanzen würden, weil sie tun konnten, wofür sie bestimmt waren."

Wenn unsere Zellen DNS-Moleküle enthalten, die unser Aussehen bestimmen, ist es dann nicht auch vorstellbar, daß sie auf irgendeine Weise fähig sind, zu erkennen, wofür wir bestimmt sind. Wir Menschen verspüren emotionale Schauer, wenn wir Momente der Wahrheit und der Vorsehung erleben. Wie Paulus sagte: „Ich werde erkennen, so wie auch ich erkannt bin."[42]

Ich glaube, daß unsere Bestimmung wie ein Magnet ist, der uns anzieht – und nicht wie ein Korsett, das uns die Luft abschnürt.

Jesus fühlte eine Bestimmung in sich.

Frage

Haben Sie manchmal das Gefühl, daß Sie für das, was Sie tun, bestimmt sind? Warum beziehungsweise warum nicht?

Frage

Welche kleine, innere Stimme, die Sie bis jetzt immer ignoriert haben, könnte Sie rufen? Was sagt sie?

Frage

Was wäre, wenn diese Stimme recht hätte? Was würde sich in Ihrem Leben ändern – zum Besseren?

Frage

Glauben Sie, daß eine Führungspersönlichkeit ihre Aufgabe erfolgreich durchführen kann, ohne eine Bestimmung dafür zu verspüren?

Frage

Was wäre, wenn sich diese jetzt noch kleine Stimme zu einem immer lauter werdenden Trommelwirbel auswüchse? Was würde sich in Ihrem Leben ändern?

Er schätzte die Saat mehr als den Blumenstrauß

Was würden Sie bevorzugen, einen Blumenstrauß oder ein Päckchen Samen? Wahrscheinlich würden die meisten von uns den Blumenstrauß wählen. Wenn Sie eine Führungskraft sind, erkennen Sie jedoch, daß Schnittblumen, egal wie schön sie sind, nicht ewig währen, und werden eher Zeit damit verbringen, Samen zu sammeln, auszuwählen und zu pflanzen.

Abraham Lincoln wäre mit Blumensträußen überhäuft worden, hätte er den Forderungen der Sklavenhalter nachgegeben; er entschloß sich jedoch dazu, den Samen der Freiheit für jedermann zu pflanzen und setzte sich mit dieser Tat ein Denkmal als Führungspersönlichkeit.

Vor kurzem führte ich mit einem Geschäftsmann ein interessantes Gespräch über Attila, den Hunnenkönig. In einer Rede zum Thema Durchsetzungsvermögen erwähnte ich einmal, daß Attila wohl kaum als Vorbild für eine Führungskraft in Frage käme. Das wäre ja so, als ob man Ted Bundy, den Serienkiller, als Studienobjekt auswählen würde, nach dem Motto: „Klar, er hat eine Menge Frauen umgebracht, aber laßt uns doch einmal analysieren, wie er es geschafft hat, so viele Frauen aufzureißen!" Trotzdem fand jener Geschäftsmann, Attila sei ein „Erfolg" gewesen. Meiner Meinung nach war er kein Erfolg, sondern ein gigantischer Mißerfolg. Er hat den Wind gepflanzt und den Wirbelwind geerntet, denn seine frisch „genommene" Braut rammte ihm ein Messer in den Rücken. Seinen Lebensunterhalt verdiente er sich mit Vergewaltigung, Raub und Plünderung. Sein Führungsstil war davon geprägt, Blumen auszureißen, nicht sie zu pflanzen, und genau diese Mentalität ist es, die unseren Planeten an den Rand einer ökologischen Katastrophe gesteuert hat.

Während der Rezession der letzten Jahre fielen die Grundstückspreise in Südkalifornien und überall sonst im Land ins Bodenlose. Als ich mich entschied, eines meiner „Eines-zuviel"-Häuser zu verkaufen, rief ich das örtliche Maklerbüro an und fragte nach dem besten Verkäufer. Man nannte mir Art Huskey, einen Makler, der gerade von Yuma, Arizona, nach San Diego gezogen war und trotzdem innerhalb eines Jahres bessere Verkaufsquoten als jeder andere Makler erzielt hatte. Tatsächlich waren seine Quoten einfach phänomenal. Ich schloß mit Art einen Vertrag und begriff rasch, warum er so oft weiterempfohlen wird. Er behandelt alle seine Kunden wie Familienmitglieder.

Art führte stundenlang Ferngespräche mit meiner Mutter, um sie Schritt für Schritt durch einen komplizierten Grundstücksverkauf in einem anderen US-Staat zu lotsen, und er hat nichts dafür verrechnet. Als sie ihren Wohnsitz verlegte, gab er ihr die Adresse eines befreundeten Ehepaares. Diese Freunde erzählten Mom, daß Art ihnen vor Jahren ihr erstes Haus verkauft und buchstäblich „ihr Leben gerettet" hatte. Die beiden lagen damals mit einer schweren Grippe darnieder und waren so geschwächt, daß sie nicht einmal den Telephonhörer zur Hand nehmen konnten, um Hilfe zu holen. Nachdem sie sich nicht gerührt hatten, fuhr Art zu ihrem Haus und fand sie lebensgefährlich dehydriert. Er nahm sich ihrer persönlich an und brachte ihnen selbst nach der Rückkehr aus dem Spital wochenlang Hühnersuppe. Jeder, der Art kennt, scheint eine ähnliche Geschichte auf Lager zu haben.

Was Art offenbar in Wahrheit liebt, ist, Menschen zu helfen, und das Grundstücksgeschäft bietet ihm das geeignete Forum, um dies auszuleben. Wenn er ihnen Hühnersuppe brachte, dachte er da schon an den nächsten Verkauf? Nein, er hatte seinen Scheck in der Tasche. Das hinderte ihn jedoch nicht daran, weiter für sie da zu sein.

Für so viele Verkaufsprofis ist leider der Provisionsscheck der Blumenstrauß, für den sie alles tun. Dann machen sie sich aus dem Staub. Für Art, und Menschen wie ihn, ist der Blumenstrauß das Geringste bei der Sache. Der wahre Lohn besteht darin, den Samen auszusäen.

Ich nahm einmal im Sommer an einem Kurs für kreatives Schreiben teil und traf dort eine wunderbare Frau. Sie schrieb ein Gedicht, das ich hier, mit ihrer Erlaubnis, mit Ihnen teilen möchte.

GÄRTNER

von Ann North

Einige der Samenkörner der Hoffnung
Im Herbst probeweise gesät
Sind nicht aufgegangen
Totgeboren und unverwirklicht liegen sie da
Irgendwo im Frühlingsboden und
Verdorren

Die Stärksten und Besten
Bahnten sich einen Weg nach oben durch Zweige
Und Schichten kalten, harten Widerstands
Bis in die klare, blaue Luft hinaus
Und stehen da so nackt und grün und
Atmen

Alles, was wächst, geht diesen Weg
Anfangs nicht wissend
Welches es schafft und welches nicht
Aber woran wir immer festhalten müssen
Was wir niemals aufgeben dürfen
Ist einfach das
Säen

Jesus hätte die Erde beherrschen können. Aber sein Reich war nicht von dieser Welt. Daher schätzte er die Saat mehr als den Blumenstrauß.

Frage

Wieviele Samenkörner sind in einem Apfel?

Frage

Boten sich Ihnen kürzlich Gelegenheiten, bei denen Sie „den Blumenstrauß“ nehmen und sich davonmachen hätten können?

Frage

Welche Ihrer Aktivitäten würden sich ändern, und wie, wenn Sie mehr Interesse an den Samen, die Sie pflanzen, zeigten, als an den Blumensträußen, die Sie erhalten?

Er mißachtete die kleinen Dinge nicht

Im Alten Testament findet man folgenden Vers: „Ein Tag kleiner Dinge, ohne Zweifel, aber wer würde es wagen, ihn zu mißachten?“ Jesus mißachtete die kleinen Dinge nicht. Als er daranging, die Welt zu verändern, wählte er nur ein Dutzend Helfer aus – und nicht Tausende. Jede Minute, jeder Blick, jede Frage, jede Begegnung war wertvoll für ihn, denn er wußte, daß aus kleinen Dingen große entstehen.

Es stört mich sehr, daß man für kleine Dinge in der Geschäftswelt nur Ungeduld und Gleichgültigkeit übrig hat. Gestern klagte mir eine Frau, daß ihre Bosse einer Angestellten ein wichtiges Geschäft entzogen und jemand anderem „gegeben“ hätten, da dies die Gesamtverkaufskosten des Betriebes irgendwie niedriger halten würde. Dachten sie vielleicht, dies sei für die Verkäuferin ein unbedeutender Vorfall ohne jede Bedeutung? Damit die Rechnung für sie am einen Ende stimmte, wurden am anderen Ende Vertrauen und Moral der Angestellten untergraben. „Es war nur ein kleiner Verkaufsposten", versicherten sie ihr. Aber indem sie ihr dieses kleine Geschäft wegnahmen, verloren sie ihren wahren Kunden – den Angestellten selbst.

Ich arbeitete einmal mit einem Boß, dem es nicht paßte, daß ich so viel Zeit mit Klienten verbrachte. „Kümmere dich um die großen Fische, Laurie", sagte er. „Überlasse die kleinen den anderen." Als aber der Tag der Abrechnung gekommen war, machten meine kleinen Verkäufe in der Summe mehr aus als seine wenigen großen. Da dachte ich bei mir (als ich kündigte, um mein eigenes Unternehmen zu gründen): „Die Dinosaurier sind ausgestorben – aber Hasen gibt es noch zuhauf."

Geistert in vielen von uns nicht noch immer der Gedanke herum, daß nur die *großen* Dinge zählen? Ich mußte lange gegen die fixe Idee ankämpfen, daß alles, was ich tue, stets das Größte und Beste sein muß. Ich konnte nicht einfach ein Gedicht schreiben – es mußte *Ulysses* sein. Vor kurzem war ich draußen auf der Gold Rock Ranch, und Willy, eine Künstlerin und gute Freundin von mir, zeigte mir und einigen anderen, wie man Speckstein bearbeitet. Nachdem ich gesehen hatte, wie flink sie hübsche Bären- und Vogelfiguren schnitzen konnte, nahm ich mir meinen Steinblock vor und begann, ihn eingehend zu studieren. Willy schien meine Gedanken zu lesen und rief laut aus: „Na gut Leute, ruhen wir uns am Nachmittag aus, während Laurie *Das letzte Abendmahl* schnitzt." Ich mußte Tränen lachen. Sie hatte recht. Ich dachte, mein erster Versuch war dazu ausersehen und auch auf dem besten Weg dazu, ein Meisterwerk zu werden. Was im Endeffekt dabei herauskam, sah aus wie eine Kreuzung zwischen einer Taube und einem Schaukelstuhl – ein dummes kleines Ding. Und doch weiß jeder kreative Mensch, daß man die kleinen Dinge nicht mißachten darf – den ersten Pinselstrich, das erste Wort auf dem Papier, das erste Telephongespräch mit einem zukünftigen Klienten oder Freund ...

Jesus verbrachte seine Zeit nicht damit, Gebrauchsanweisungen zu verfassen, zu lizensieren, zu vervielfältigen und so Millionen zu verdienen. Er eilte ans Krankenbett eines kleinen Mädchens, und seine ganze Konzentration galt ihrer Heilung; er wußte, daß der Laib Brot eines Jungen alles war, was er brauchte, um Tausenden Nahrung zu geben.

Er mißachtete die kleinen Dinge nicht.

Frage

In welcher Weise „mißachten" Sie in Ihrem privaten oder geschäftlichen Bereich „den Tag der kleinen Dinge"?

Frage

Welche Ihrer Handlungen des heutigen Tages würden Sie gerne vervielfacht sehen?

STÄRKE DER HANDLUNG

Sie erstreckt sich kraftvoll von einem Ende zum andern und leitet das All vortrefflich.

Weisheit 8:1
Jerusalem Bibel

Er betrachtete alles als lebendig

Eines Tages sprach Jesus mit den Pharisäern, die zu ergründen versuchten, wie Eheverträge im Himmel ausgelegt würden, wenn eine Frau sieben Brüder geheiratet hätte und alle stürben. (Nun ist Ihnen sicher klar, warum es die Pharisäer im Leben gar so weit gebracht haben – wer zerbricht sich schon über solche Probleme den Kopf? Was mich betrifft, so wäre die weitaus wichtigere Frage, was es denn mit dieser Frau auf sich hatte, daß all ihre sieben Ehemänner plötzlich starben. Ich hätte einmal ihre Senfsauce näher unter die Lupe genommen.) Diese Frage war für die Pharisäer von großem Belang, vor allem da sie dadurch das theologisches Weltbild Jesu ein weiteres Mal auf die Probe stellen konnten. Jesus wandte sich ihnen zu und sagte: „Im Himmel heiraten die Menschen nicht, sie sind wie die Engel Gottes. Wichtiger aber ist, daß die Auferstehung der Toten wahr ist, und Moses selbst es gesagt hat. Denn Gott ist nicht ein Gott der Toten, sondern der Lebendigen. Für ihn sind alle Menschen lebendig.“[43]

„Lazarus, komm heraus!" befahl er. Alle Dinge sind lebendig. „Wer ist dieser Mann, daß selbst Wind und Meer ihm gehorchen?" staunten die Leute.

Wenn alle Dinge lebendig sind, ist es vielleicht doch möglich, daß sich die Straße zum Gruß erhebt und Berge mit etwas Überredungskunst versetzt werden können. „Wenn du Glauben besitzt, werden dir sogar die Berge gehorchen."

Wenn man Jesu Perspektive, alles als lebendig zu betrachten, für sich annimmt, wird um so viel leichter, was zuvor so schwer erschien. Will man beispielsweise durch Wände gehen, muß man sich nur mit den Zellen der Wand absprechen. Und will man auf dem Wasser wandeln, besteht die Übung nur in der Vereinigung der Zellen. „Wasserzellen, vereinigt euch!"

Jesus betrachtete alles – und alle – als lebendig und voller Möglichkeiten. Eine Depression ist einfach Energie, die sich danach sehnt, freigesetzt zu werden. Sünder sind einfach Menschen, die nicht gelernt haben, in Harmonie zu singen. Jesus wußte sogar, daß der Golgatha ein Schritt zurück zu einer anderen Art der Lebensweise war.

Führungskräfte sollten mehr Zuversicht haben, denn alles ist lebendig!

Jesus betrachtete alles als lebendig.

Frage

Welche Situation in Ihrem Leben haben Sie als „gestorben" abgeschrieben?

Frage

Welche Chancen haben Sie abgeschrieben?

Frage

Wenn Sie glauben könnten, daß alles lebendig ist, wie würde dies Ihre Handlungsweise verändern – am Arbeitsplatz, Ihre Prioritäten betreffend, in der Art, wie Sie sich auf diesem Planeten bewegen?

Er schritt zur Tat

Ich habe mich oft gefragt, wie wohl Gottes Reißbrett in den ersten Tagen der Schöpfung ausgesehen haben mag. Viele Male bin ich schweigend durch das Aquarium im Scripps Institute of Oceanography gegangen und habe die ätherische Schönheit einer Qualle bewundert. Die zarten Ranken der Seeanemone bewegen sich hin und her, begierig, sich zu strecken und jemanden zu berühren. Mit Staunen betrachte ich den Kugelfisch und den silbrig braunen Meeresbarsch, in deren Augen ein seltsam ultraviolettes Licht schwebt. Auch mehrere Clownfische, die wie in Neonlicht getauchte Eisschlecker aussehen, vollführen im Aquarium ihren Tanz. Am Boden formieren sich Garnelen, um andere Fische, die langsam und besonnen vorbeischwimmen, von Parasiten zu befreien. Die Jacques-Cousteau-Autowaschstraße, schätze ich mal. Die Geschöpfe des Meeres halten mir stets vor Augen, wie unerschöpflich Gottes Einfallsreichtum ist.

In meinem Arbeitszimmer bewahre ich in einer Vase eine Pfauenfeder auf. Das türkise Schillern jeder einzelnen

Faser versetzt mich jedesmal in Staunen. Wenn Sie den Pfau geschaffen hätten, wäre Ihnen da nicht möglicherweise der Gedanke gekommen, am Höhepunkt Ihrer Schaffenskunst einfach aufzuhören? Aber dann schießt Ihnen plötzlich die Idee für einen Vogel mit einem bananenförmigen Schnabel ein, und Sie beginnen wieder zu zeichnen.

Meine Freundin Cindy, eine Biologin, sagt, daß der Schwamm das einzige Geschöpf ist, welches sich im Laufe der Evolution nicht weiterentwickelt hat beziehungsweise an der Entstehung einer verwandten Art beteiligt war. Beim Mittagessen meinte sie eines Tages scherzhaft zu mir, daß der Schwamm entweder Gottes perfekteste Idee oder eine künstlerische Sackgasse sei, da es nichts auch nur annähernd Ähnliches gibt.

Eines ist sicher, Gott schuf und erschafft noch heute, und seine schöpferische Kraft hat kein Ende. Gott ist ein denkender Gott, und als solcher muß er ständig Neues hervorbringen. Einige Leute glauben, daß alles, was Gott geschaffen und gesagt hat, schon existiert. Ich denke nicht, daß das stimmt.

Ich glaube, daß deswegen Jesus gekommen ist – um neue Denkschemata zu erschaffen. Um uns ein *neues* Testament zu geben. Er gab sich nicht damit zufrieden, faul dazusitzen und über Vergangenes nachzudenken. Sobald er einmal begonnen hatte, seine Lehren zu verbreiten, verging kein Tag, da er nicht ein, zwei oder drei Wortbilder erschuf. Johannes, jenes Mitglied seines Stabes, das eines der vier Evangelien verfaßt hat, sagt am Ende seiner Geschichte, daß, wollte man alles, was Jesus vollbracht hat, detailliert dokumentieren, die Welt selbst die Bücher nicht fassen würde, die zu schreiben wären.[44] Dies kommt aus der Feder von jemandem, der Jesus nur drei Jahre gekannt hat. Sogar bei seinem Tode streckte Jesus seine Arme aus, soweit es nur ging. Man mußte ihn buchstäblich festnageln, um ihn von weiteren Taten abzuhalten.

Jesus sagte: „Mein Vater wirkt bis jetzt, und auch ich wirke."[45] Er bat seine Mitarbeiter um mehr Anhänger zu beten, denn die Felder brachen schon auf und waren reif zur Ernte. Es gab Dinge, die getan werden mußten, und als Führungspersönlichkeit wollte er, daß sie getan werden – sogar als er wußte, daß er körperlich nicht anwesend sein würde.

Am Kreuz blickte er auf Johannes hinab und sagte: „Johannes, Maria ist nun deine Mutter. Und du sollst jetzt ihr Sohn sein."[46] Damit sagte er uns allen: „Meine Arbeit hier ist beendet, aber eure hat gerade angefangen."

Jesus schritt zur Tat.

Frage

Wie aktiv und kreativ sind Sie? Schaffen Sie Neues und strecken Sie sich aus, oder sind Sie „nur ein Schwamm"?

Frage

Glauben Sie, daß Sie mehr tun könnten? Wenn ja, was? Wie?

Er hatte einen Plan

Ein Franchisingberater sagte mir einmal: „Eine gute Idee ist einen Dollar wert. Der Plan zur Umsetzung dieser Idee ist eine Million Dollar wert."

Eine gute Führungskraft hat einen Plan. Jesus hatte einen. Er gab seinen Mitarbeitern klare Anweisungen, damit diese die gewünschten Resultate erreichen konnten. Auch er hatte einen Plan erhalten, an dessen Umsetzung er arbeitete. Jesus sprach oft darüber, daß etwas entweder Teil des Plans war oder nicht. Er behauptete nicht, alle Details zu wissen, sah aber die großen Zusammenhänge und legte seine täglichen Handlungen seinen inneren Anweisungen zugrunde.

Was bringt es, eine Menge aufzuwühlen, wenn man ihr dann kein geeignetes Ventil für ihre Energie bieten kann? Nur wenige Menschen haben wirklich Pläne, so daß praktisch jeder, der klar umreißen kann, wie man etwas tun kann oder soll, zum magischen Anziehungspunkt wird.

Einer der besten Tips, die ich anläßlich der Gründung meines Unternehmens bekam, lautete: Plane deine Arbeit, und arbeite an deinem Plan. Immer wenn ich mich nicht gerade besonders spritzig oder mutig fühlte, ging ich einfach streng nach meiner Liste vor, die ich erstellt hatte, als ich mich *sehr wohl* spritzig und mutig fühlte. Manchmal war es schon Teil des Plans, einfach nur in der Firma zu erscheinen. Tatsächlich vertrauten mir mehrere erfolgreiche Geschäftsmänner an, daß die Existenz eines Plans der Hauptgrund für ihren Erfolg sei. Sie erscheinen, wenn außer ihnen niemand da ist, und kommen immer wieder.

Das ist Teil ihres Plans.

Eine gute Führungskraft hat einen Plan, der darin besteht, einfache Bilder zu verändern. Wenn eine Gruppe von Leuten ein paar Bretter, Hämmer und Nägel zur Verfügung hat, heißt das noch lange nicht, daß sie ein Haus oder überhaupt etwas sofort Erkennbares baut. Führungskräfte denken zuweilen, daß sie ihren Job tun, nur weil sie den Hammer schwingen. Als Gesellschaft lieben wir den Klang des Hämmerns, empfinden den Klang des Denkens, also der Stille, aber als unangenehm.

Manchmal kann ein Plan von einem einfachen Ziel ausgehen. Die Bürgerrechtsbewegung basierte auf einzelnen Zielen. Mitunter waren sie so simpel wie: Schwarze sollen nicht mehr im hinteren Teil des Busses sitzen müssen. *Gleichberechtigung* ist eine abstrakte Idee. Es ist schwer für Menschen, ein Konzept zu erfassen, das sie nicht mit Bildern assoziieren können. Die Vorstellung, nur im hinteren Teil des Busses sitzen zu dürfen, erzeugt ein starkes Bild, das aufrütteln, ärgern oder motivieren kann. Das Verlangen, dieses Bild zu verändern, entwickelt sich zu einem Plan.

Jesus hatte einen Plan.

Frage
Was ist Ihr Plan?

Frage
Haben Sie ihn schriftlich festgelegt?

Frage
Ist er klar?

Frage
Kann er vermittelt werden?

Frage
Ist er durchführbar?

Frage
Wie können Sie ihn umsetzen?

Frage
Wann werden Sie beginnen?

Er bildete ein Team

Als Jesus ernsthaft seine Arbeit aufnahm, war seine erste Handlung die Bildung eines Teams. Es war, als hätte er plötzlich magnetische Kräfte bekommen. Menschen fühlten sich auf unerklärliche Art und Weise zu ihm hingezogen, und er zu ihnen. „Folgt mir", rief er über das Wasser, und sie folgten ohne zu zögern. Selbst Jesus wußte, daß er die Welt nicht allein verändern hätte können.

Ich führte einmal eine interessante Diskussion mit einem Nicht-Amerikaner, der die Amerikaner um ihre Fähigkeit zur Teambildung beneidete: „Wenn ihre Leute etwas durchführen wollen, stellen sie eine Gruppe zusammen und verteilen die Aufgaben. In meinem Land ist das leider nicht so einfach. Viele von uns scheinen es nicht einmal zu schaffen, gemeinsam an einem Tisch zu sitzen. Als Kinder üben wir uns jahrelang in Macht- und Strategiespielen, während ihr schon längst begriffen habt, wie man die Dinge wirklich in Bewegung setzt, bewahrt oder vergrößert." Einer der wichtigsten Schlüssel zu erfolgreicher Teamarbeit ist, sich auf eine Einigung einigen zu können.

Wenn Sie als Führungskraft Bedeutendes erreichen wollen, wird Ihr erster Schritt die Bildung eines Teams sein. Trotzdem denken viele Menschen noch immer, daß sie alles alleine machen müssen. Wir haben immer noch John Waynes und Supermütter, die es für falsch oder für ein Zeichen von Schwäche halten, um Hilfe zu bitten.

Ich traf vor kurzem einen Ingenieur, der ein Produkt, das vielen Menschen helfen könnte, entwickelt hat. Er hat es noch nicht auf den Markt gebracht, weil er bis heute kein geeignetes Logo für sein Unternehmen finden konnte. Er meint, das Logo, die Werbebroschüre, die Produktentwicklung und das Marketing selbst machen zu müssen. Zweifelsohne wird dieser Mann auch sein Gebäude selbst anstreichen und seinen eigenen Mais anbauen.

Ich mache mich nicht über den Individualismus dieses Ingenieurs lustig. Ich frage mich nur, wie weit er mit dieser speziellen Einstellung kommen kann. In Wahrheit sind gute Ideen, großmütige Absichten, brillante Erfindungen und weltbewegende Entdeckungen dem Tode geweiht, wenn kein Team gebildet wird, das dann die weiteren Handlungen setzt. Unter dem Strich wird derjenige gewinnen, der ein Team bildet, um die besten Ideen umzusetzen.

Jesus bildete ein Team.

Frage

Welche Teile eines Projekts versuchen Sie noch immer allein zu Ende zu bringen? Warum?

Frage

Aus welchen Personen, bezahlt und unbezahlt, setzt sich Ihr wahres Team zusammen? Aus welchen Personen könnte es sich zusammensetzen?

Frage

Mit welchen Herausforderungen sind Sie heute konfrontiert? Wer steht Ihnen zur Seite?

Er rief zur Entscheidung

Bei Vorstandssitzungen findet sich nach endlosen Diskussionen und Anträgen für gewöhnlich immer jemand, der mit Bestimmtheit „Zur Entscheidung, bitte!“ ruft, was bedeuten soll, daß es an der Zeit ist, mit dem Reden aufzuhören und zur Abstimmung zu schreiten. Wir lieben die Diskussion mehr als die Entscheidung. Jesus sagte ständig: „Zur Entscheidung, bitte.“

Eine Frau hatte einen Traum, in dem ein Bär sie verfolgte. Als der Bär sie schließlich in die Enge getrieben hatte, fragte ihn die Frau vor Angst zitternd: „Wirst du mich töten?“ Der Bär antwortete ruhig: „Ich weiß es nicht, Lady. Sagen Sie es mir. Es ist Ihr Traum.“ Für viele ist diese Geschichte sehr frustrierend, da die Frau selbst eine Antwort finden mußte, anstatt sie aufgezwungen zu bekommen.

Ich nahm einmal an einer Schulung für Telephonseelsorger bei einer ziemlich progressiven, aufgeschlossenen Kirche teil. Dort hieß es, wir sollten den Leuten ungefähr drei Minuten geben, um ihre Geschichte zu erzählen, ihnen dann aber sagen: „Okay, das bringt uns zur Frage: Was soll Ihrer Vorstellung nach jetzt geschehen?“ Es ist wirklich erstaunlich, wie Menschen plötzlich verstummen, wenn sie mit ihrer eigenen Entschlußkraft konfrontiert werden. Es ist viel leichter, zu jammern, als sich zu entscheiden.

Jesus verlieh Menschen die nötige Entschlußkraft, weil er bereit war, zur Entscheidung zu rufen: „Wer, glaubst du, bin ich? Wer glaubst du zu sein? Was willst du? Woran liegt dir besonders?“ Er stellte eine Frage nach der anderen. Vielleicht stellte er so viele Fragen, da eines, seiner Mottos war: „Du sollst die Wahrheit wissen, und die Wahrheit soll dich frei machen.“

Die Wahrheit ist nicht immer im obersten Regal, ganz vorne oder in der Mitte zu finden. Mitunter ist sie in Bergen von Selbsttäuschungen verpackt und im Keller versteckt. Zwei Beispiele aus meinem persönlichen Erfahrungsschatz kommen mir da in den Sinn.

Viele von uns können sich noch an das Märchen „Des Kaisers neue Kleider“ erinnern. Und doch lassen wir es zu, daß Menschen an unserem Arbeitsplatz „nackt“ umherlaufen und bewundern scheinheilig den Hut, den sie tragen. Käme es nicht mehr vom Herzen, wenn wir die entscheidenden Fragen stellen würden? „John, es tut mir leid, daß der Bericht noch nicht da ist. Aber gibt es vielleicht noch etwas anderes, das dich bedrückt? Du bist in letzter Zeit so gereizt. Willst du vielleicht darüber reden?“ oder „Debbie, du lächelst nicht mehr so oft wie früher. Ist zu Hause etwas vorgefallen, das dir Kummer bereitet?“ Zur Entscheidung zu rufen bedeutet manchmal einfach, sich Zeit zu nehmen, um in das Herz der Menschen zu blicken.

Ein weiteres Beispiel trug sich vor kurzem in einer der von mir beratenen Firmen zu. Zeitlich ungünstige und unglückliche Umstände hatten dazu geführt, daß ein Mann in eine Position gedrängt wurde, für die er nicht ausgebildet war. Er haßte den Job, wollte aber nichts sagen, um keine Troubles zu verursachen. Das Unternehmen, das ihn (als emotionelle Reaktion auf den Tod seiner Frau) eingestellt hatte, war so verständnisvoll und schwieg ebenfalls. Es kam unweigerlich zu Spannungen, die sich so zuspitzten, daß der neugewählte Vorsitzende eines Tages bei einer Vorstandssitzung sagte: „Bill, du willst doch hier gar nicht wirklich arbeiten, oder?“ Anfangs verteidigte sich Bill noch halbherzig, da er sich persönlich angegriffen fühlte. Aber im Verlauf der Diskussion kam die Wahrheit ans Licht. Nein, er mochte den Job nicht, aber glaubte, gebraucht zu werden. Die anderen wiederum waren sich einig, daß er eine Fehlbesetzung sei, wollten aber seine Gefühle nicht verletzen. In der Zwischenzeit war das Arbeitsklima im Büro von Haßtiraden und Sticheleien geprägt. Ein führender Angestellter hatte den Mut zu äußern: „Sieht das nicht wie ein Spatz aus?“, während jeder andere so tat, als ob es sich um einen stolzen Hahn handelte. Man entließ Bill zu großzügigen Konditionen aus dem Vertrag und suchte einen Vogel mit einem anderen Gefieder. Sofort ging es auch mit der Arbeitsmoral wieder bergauf.

Ich wundere mich immer wieder, wie oft wir uns gegenseitig in unseren Illusionen bestärken. Vielleicht haben wir Angst vor der großen Demaskierung: Ist einer von uns gezwungen, die Wahrheit zu sagen, wird von jedem einzelnen erwartet, sein wahres Ich zu enthüllen. Was würde uns das bringen? Freiheit. Zumindest glaubte dies Jesus. Die Wahrheit wird uns frei machen.

Jesus rief zur Entscheidung.

Frage

Welche Situationen fallen Ihnen zur Zeit in Ihrem Büro, Ihrer Firma oder Gemeinde auf, die mit dem Etikett „Des Kaisers neue Kleider“ versehen werden könnten?

Frage

Gab es einmal eine eindeutige Situation, die Sie sich scheuten klarzustellen? Können Sie sich die positiven Resultate vorstellen, die eine Enthüllung der Wahrheit hervorzubringen vermag?

Er sah die Dinge anders

Jesus faßte Situationen nicht immer so auf wie andere es taten. Bei beiden überlieferten Totenerweckungen – das kleine Mädchen und Lazarus – weigerte sich Jesus zum Beispiel, das Wort *gestorben* zu verwenden. „Das Mädchen ist nicht gestorben, sondern es schläft".[47] Um eine Verständigungsbasis mit dem Volk zu finden, akzeptierte er schließlich ihren Gebrauch des Wortes, jedoch nur als Bezugsparameter, um die andere, auf die Ewigkeit ausgerichtete Sicht der Dinge erklären und demonstrieren zu können. Er sah über die augenblickliche Wahrnehmung hinaus.

Jesus sagte: „Will einer Erster sein, so sei er Letzter von allen und aller Diener!"[48] Diese Auffassung war ein weiterer Beweis für sein Andersdenken. „Der Größte müsse der Geringste werden."

Als Vorstandsmitglied einer Kirchengemeinde machte ich einmal den provokanten Vorschlag, während der Kollekte Geld zu verteilen. Unter der Voraussetzung, daß die Kirche wahrhaftig an das Prinzip der Vermehrung glaube, solle sie den Leuten einen Grundstock an Geld, sozusagen die Saat, geben und sie bitten, es zu vermehren und dann den Gewinn zurückzubringen. Es war ein interessantes Experiment. Einige der Vorstandsmitglieder legten für das „Saatgeld" zusammen, das während der Kollekte in kleinen Scheinen ausgeteilt wurde. Man bat die Leute, es zu nehmen, zu vermehren und in der nächsten Woche den Gewinn zurückzubringen. Das Resultat überstieg die übliche sonntägliche Kollekte um das Dreifachc. Der Buchhalter der Kirche hatte jedoch nicht die Nerven, dieses Experiment zu wiederholen. Überraschenderweise hatten sich viele geweigert, das Geld zu nehmen, was unsere mangelnde Bereitschaft zu empfangen widerspiegeln mag.

In einem Universitätsexperiment wurden Studenten instruiert, Passanten auf der Straße entweder Geldscheine zu geben oder sie darum zu bitten. Am Ende des Experiments hatten die Studenten mehr Geld bekommen als sie verteilen konnten. Wie gering unsere Bereitschaft doch ist, etwas zu empfangen.

Jesus sah die Dinge immer anders. Manchmal können wir nur die Unterseite des Teppichs sehen, mit all seinen Knoten und Klumpen und nicht zusammenpassenden Fäden. Jesus konnte beide Seiten sehen, und er kam, um uns zu sagen, wie er mit der richtigen Seite nach oben aussehen werde.

Die Omega-Führungskraft sieht, wie etwas sein könnte und sollte, und macht es sich zur Aufgabe, an dessen Verwirklichung zu arbeiten.

Jesus sah die Dinge anders.

Frage

Was sehen Sie anders – etwas, das geändert werden könnte oder sollte?

Frage

Welche Schritte sind Sie bereit zu unternehmen, um die nötigen Veränderungen durchzuführen?

Er tanzte aus der Reihe

Jesus folgte nicht der Masse. Er führte sie an. Er berichtete nicht von Ereignissen. Er löste sie aus.

Mark McCormack vertritt in seinem Buch *110 Prozent: Spitzenleistungen aus eigener Kraft* die Meinung, man solle die Zeitung nicht am Morgen lesen. Er glaubt, daß dort nur Informationen entnommen werden können, die für jedermann zugänglich sind, und der Leser daher seine Pläne auf dieses allgemein bekannte Wissen stützt. Laut McCormack haben Führungskräfte die Verantwortung, über *nicht allgemein bekanntes* Wissen zu verfügen. Seine morgendliche Routine besteht darin, eingehend darüber nachzudenken, wie er den Anforderungen des Tages am besten begegnen kann. Er liest die Zeitung erst am Abend, wenn er sein Bestmögliches getan hat, um den Tag für sich selbst, seine Familie und sein Unternehmen sinnvoll zu gestalten.

Auf unserer Welt gibt es negative Informationen frei Haus. Positive Informationen müssen Sie sich suchen, oder noch besser – selbst schaffen.

David mußte aus der Reihe tanzen, um den Kampf mit dem Riesen Goliath aufzunehmen, da die Israeliten, seine Brüder, in ihren Zelten vor Angst zitterten. Obwohl diese Situation seiner ganzen Auffassung von sich selbst und seinem Volk widersprach, meldete er sich freiwillig, um sich dem Kampf mit dem Riesen zu stellen.[49] Erstaunlicherweise waren es seine Brüder, die ihn davon abhalten wollten, das Richtige und Mutige zu tun.

Genauso war es bei Joseph. Seine eifersüchtigen Brüder warfen ihn in einen Brunnen, weil sie nicht mehr ertragen konnten, dauernd zu hören, wie sehr er sich von ihnen unterschied. Familien haben sehr starke „Unternehmensstrukturen", und jeder, der es wagt, anders zu sein, wird unweigerlich auf Widerstand stoßen. Für Jesus waren nicht nur seine Mutter und Brüder die Mitglieder seiner Familie, sondern jeder, der nach dem Willen Gottes lebte. Mit anderen Worten, zu seiner wahren Familie gehörte jeder, der annähernd gleiche Ziele, Pläne und Visionen hatte und bereit war, danach zu handeln, egal was es koste.

In unserer Gesellschaft gibt es heute so viele funktionsgestörte Familien und Gruppen, daß man schon außergewöhnlichen Mut beweisen muß, will man sich daraus befreien. Diese Befreiungsphase ist manchmal ohne drastische Maßnahmen und Konflikte nicht möglich. Kirchen können funktionsgestört sein. Unternehmen können funktionsgestört sein. Regierungen können funktionsgestört sein. Gesetze können funktionsgestört sein. Und eine Führungskraft, die nicht bereit ist, aus der Reihe zu tanzen, verdient diese Bezeichnung nicht, denn sie ist nur eine Marionette, die den Status quo aufrechterhält.

Die Pharisäer waren eine funktionsgestörte Gruppe religiöser Führer, die in Jesus so starke Gefühle hervorriefen, daß er für sie Worte wie „übertünchte Gräber" (Mt 23:27) und „Natterngezücht" (Mt 23:33) fand. Er wählte solch starke Worte, weil sie dem Volk eigentlich bei seiner Befreiung helfen sollten, es aber in Wahrheit versklavten, um eigenen Gewinn daraus zu ziehen. Jesus wußte, daß er aus dieser Masse heraustreten mußte, um die Menschen zu befreien.

Er tanzte aus der Reihe.

Frage

Wenn Sie wirklich Ihrem Herzen folgen würden, mit wem oder was würden Sie in Konflikt kommen?

Frage

Beschreiben Sie die Truppen, mit denen Sie gerade marschieren.

Frage

Welchen Konflikt fürchten Sie so sehr, daß er Sie davon abhält, eine wahre Führungspersönlichkeit zu sein.

Er kam aus dem Abseits

Jesus war nicht gerade das, was sich die Menschen unter einem Anführer vorstellten. Nathanael, ein Apostelanwärter, sagte: „Sieh selbst in den Schriften nach. Kann aus Nazareth etwas Gutes kommen?“[50] Jesus war weder ein Krieger, noch war er von königlichem Blut. Er war auch nicht ausgesprochen attraktiv, wie man aus einigen Quellen erfährt. Er kam nicht nur aus dem falschen *Stadtviertel,* sondern überhaupt aus der falschen *Stadt*. Der Mann, den niemand in Betracht gezogen hätte, trug die Krone. Nichts, was die Schriftgelehrten ihren Büchern entnehmen konnten, deutete auf einen Zimmermann als König hin. Wieder einmal liebte Gott die *Überraschung*.

Nur wenige glauben, alle Qualifikationen zu haben, die man als Führungskraft braucht. Die Medien beeinflussen unsere Vorstellung von allem und jedem. Wir wissen, wie Miß Amerika auszusehen hat, genauso wie wir ein bestimmtes Bild von Senatoren und Managern vor Augen haben. So ist es verständlich, daß wir uns schnell als unqualifiziert abtun, wenn wir nur diese Äußerlichkeiten als Basis nehmen.

Zugleich leben wir aber auch in einer Zeit der Umwälzungen und Überraschungen. Bühnenschriftsteller werden Präsidenten, Häftlinge Staatsoberhäupter, Frauen, die in Restaurants bedienten, dienen ihrem Land nun als Premierminister. Führungspersönlichkeiten kommen aus dem Abseits ... und bringen eine frische Brise mit.

Vielleicht reicht unser Enthusiasmus ja als Qualifikation aus. Ein sehr anschauliches Beispiel erlebte ich vor kurzem in einem Berufsverband, den ich als Beraterin betreute. Anläßlich einer Sitzung über langfristige Ziele leitete ich eine Visualisierungsübung, bei der Mitglieder des Gremiums Bilder beschreiben sollten, die ihnen beim Gedanken an die bestehenden Probleme des Berufes in den Sinn kamen. Judy, ein langjähriges Gremiumsmitglied, sah den Berufsstand als einen Ritter, der von seinem Pferd gestoßen wurde und im Treibsand zu versinken drohte. Nach der Sitzung wurde sie von einigen Leuten, die ihre Klarheit und Leidenschaft bewegt hatte, darauf angesprochen, ob sie nie in Erwägung gezogen hätte, sich um den Vorsitz zu bewerben. Sie antwortete, es wäre ihr ein paar Mal durch den Kopf gegangen, sie habe aber bisher noch nicht ernsthaft darüber nachgedacht. Außerdem sei der Nominierungsausschuß vor Monaten zusammengetreten und hätte sich bereits auf eine Kandidatenliste geeinigt.

Judys Kollegen aber blieben hartnäckig und entdeckten in den Statuten die Möglichkeit einer nachträglichen Nominierung in der Versammlung. Bei der nächsten Mitgliedertagung gaben Judy und ihre Kollegenschaft mutig ihre Nominierung bekannt. Zum ersten Mal wurde von jemandem aus der Gruppe der Vorschlag gemacht, die Kandidaten eine Rede halten zu lassen. Judy präsentierte in einem Fünf-Minuten-Vortrag ihre Zukunftsvisionen für den Berufsstand, während der schon lange feststehende und abgesegnete Kandidat nur Unzusammenhängendes stammelte. Judy ging mit einem 2:1 Vorsprung als Siegerin hervor – die Frau, die nicht von vornherein als qualifiziert eingestuft, aber durch ihr leidenschaftliches Engagement ausgewählt worden war.

Der Ruf an die Spitze kann aus verschiedenen Richtungen und auf mannigfaltige Weise erfolgen. Das Alte Testament gibt hier, meine ich, drei Wege vor, die eine solche Berufung nehmen kann: das brennende Herz, den brennenden Dornbusch und das brennende Haus.

Das *brennende Herz* war der Ruf, den David verspürte. Er sagte: „Ich werde mit diesem Riesen kämpfen. Niemand soll seinetwegen mutlos werden und in seinem Zelt zittern."[51] Bei Moses offenbarte sich der Ruf durch den *brennenden Dornbusch*. Der Überraschungseffekt sollte hier seine Aufmerksamkeit erregen. Bekanntlich wurde Moses zum Anführer berufen, als er einen wundersamen brennenden Dornbusch sah.[52]

Königin Ester ereilte der Ruf durch das *brennende Haus*. Ester, die ihre jüdische Herkunft verschwiegen hatte, war zur hochverehrten Lieblingsfrau des persischen Königs aufgestiegen. Eines Nachts war der König betrunken und gestattete einem seiner verschlagenen Ratgeber, den Befehl zur Ausrottung der Juden zu geben. Esters Onkel traf sie vor den

Toren des Palastes und erzählte ihr von dem Plan. Er sagte ihr, daß sie sich als Jüdin zu erkennen geben müsse, andernfalls wären sie und ihr ganzes Volk dem Tode geweiht. Indem sie ihr Leben und natürlich auch ihre soziale Stellung aufs Spiel setzte, enthüllte sie dem König ihre Identität. Diesem war der Vorfall so peinlich, daß er in ohnmächtigem Zorn den Mann hängen ließ, der die Vernichtung der Juden geplant hatte. Ester wurde eine legendäre Führerin der Juden. Sie erhielt den Ruf, als ihr Haus niederzubrennen drohte.[53]

Fast jede Führungspersönlichkeit der Heiligen Schrift wurde zu irgendeinem Zeitpunkt von Zweifeln geplagt. Viele fühlten sich unterqualifiziert, im Stich gelassen oder aufgegeben. Trotzdem bekamen jene, die den Ruf erhalten hatten, die Kraft, ihre Mission auszuführen. Sowohl damals als auch heute.

Jesus war auch eine von Gottes Überraschungen.
Er kam aus dem Abseits.

Frage

In welcher Weise kommen Sie als Führungskraft „aus dem Abseits“?

Frage

Welchen Ruf haben Sie empfangen:

- das brennende Herz?
- den brennenden Dornbusch?
- das brennende Haus?

Frage

Wie haben Sie sich und andere mit Ihrem Führungsstil überrascht?

Er dehnte seinen Wirkungsbereich aus

Jesus verkündete seine Botschaft nicht nur in seiner Heimatstadt. Er kehrte seiner Heimat sogar ziemlich schnell den Rücken, eingedenk der alten Weisheit, daß ein Prophet im eigenen Land oft nichts gilt.

Mit seiner Botschaft im Gepäck reiste er durchs Land, überallhin, wo sein Wort auf fruchtbaren Boden fiel. Das ganze Territorium war für ihn ein Feld, das reif zur Ernte war. Schnell begann er, Helfer für seine Aufgabe anzuheuern.

Die Wichtigkeit, nicht auf der Stelle zu treten, ist in vielen erhebenden Geschichten und Bildern der Heiligen Schrift verankert. Isaias ermutigte seine Leute mit den Worten: „Erweitere deines Zeltes Raum, und die Zelttücher deiner Wohnräume spanne aus, ohne zu sparen! Mach lang deine Zeltstricke, deine Zeltpflöcke haue fest ein! Ausbrechen wirst du nach rechts und nach links."[54] Gott sagte zu Abraham: „Jede Stelle, die eure Fußsohle betritt, gehört euch, so weit euer Auge reicht."[55] David sagte: „Wie ein Sieger triumphiere ich, und auf Edom setze ich meinen Schuh."[56] Das ganze Buch Josua handelt von der Eroberung des Heiligen Landes durch die Stämme Israels.

Gott scheint es nicht gutzuheißen, wenn sich Führungskräfte mit einem kleinen Stück Land „begnügen", im materiellen wie im spirituellen Sinne. Der göttliche Funke treibt uns ständig an, unseren Blick nach oben zu lenken und all die Möglichkeiten zu sehen, die am Horizont auf uns warten. Wir sollen unsere Gedanken und Füße von Staub und Asche befreien und uns in Bewegung setzen.

Begriffe, die *Ausdehnung, Verzweigung und Sprießen* versinnbildlichen, kommen über siebzigmal in der Bibel vor. Jesus selbst wurde als der *Sproß des Herrn*[57] bezeichnet.

Führungskräfte müssen stets nach Wegen suchen, ihre Vision, ihren Einfluß und ihren Beitrag zu erweitern. Es gibt immer mehr Möglichkeiten, als unsere Augen erkennen können.

Jesus dehnte seinen Wirkungsbereich aus.

Frage

Welche innerlichen Schranken behindern Sie zur Zeit?

Frage

Haben Sie sich ein Territorium abgesteckt, das Sie erobern können?

Frage

Wie sehen Ihre konkreten Pläne aus, um Ihren Einfluß, Ihren Wirkungsbereich und Ihren Beitrag zu erweitern?

Er war kühn

Jesus murmelte oder flüsterte seine Botschaft nicht. Er diskutierte nicht stundenlang über die sicherste Vorgehensweise. Er ließ seine Aussagen nicht von unzähligen Ausschüssen genehmigen. Er war kühn.

Er schrie. Er stampfte. Er warf mit Tischen und Stühlen. Er weinte. Er stöhnte. Alle seine Handlungen trafen klare Aussagen über seine beabsichtigte Mission. Er brach in das Bewußtsein der Menschen mit Taten, Standpunkten und Handlungen ein, die niemand zuvor getan, gesehen oder gehört hatte. Man kann sogar sagen, daß er seine Botschaft mit seinem eigenen Blut in ihre Herzen schrieb. So weit ging seine Kühnheit.

Jesus wußte, daß Autorität von innen kommen muß, um außen anerkannt zu werden, also riß er sie einfach an sich. Er wartete nicht, bis er alle Informationen hatte. Er wartete nicht auf einen wolkenlosen Himmel. Er hielt seine Fahne hoch und trug sie Tag für Tag vor sich her. Seine Botschaft stand in riesigen, fetten, leuchtenden Lettern weithin für jedermann ersichtlich auf der Leinwand seines Lebens.

Als Zwölfjähriger ging er in den Tempel und begann zu lehren. Als Erwachsener stürmte er in den Tempel und stellte dort alles auf den Kopf. Er nannte die Dinge beim Namen und entschuldigte sich bei niemandem – dies war kein Zeichen von Arroganz, sondern von Kühnheit und Klarheit.

Ich las vor kurzem einen Zeitschriftenartikel über ein Ehepaar, das den Pazifischen Ozean in einem kleinen Segelschiff überqueren wollte. Eines Nachts zog ein heftiger Sturm auf. Das Schiff wurde hin- und hergeschleudert, bis es schließlich kenterte. Die Frau überlebte und konnte Bericht erstatten, der Mann starb. Interessanterweise erzählte sie, daß sie die Gefahr gespürt und ihren Mann gewarnt hatte. Er wollte ihr nicht zuhören, und das Boot sank. In dem Artikel machte sie sich noch selbst Vorwürfe, in der gefährlichen Situation zu wenig Eigeninitiative ergriffen zu haben, bevor es zur Tragödie kam. „Auch mein Leben stand auf dem Spiel, aber da er der *Kapitän* war, glaubte ich, kein Recht zu haben, seine Autorität in Frage zu stellen." Dann klagte sie: „Ich hätte rigoroser sein sollen. Ich hätte kühner sein sollen. Dann wäre das Boot vielleicht nicht gesunken, und wir würden heute beide leben."

Wie hoch ist der Preis für Ängstlichkeit? Wie hoch ist der Lohn für Kühnheit? Mein Dad pflegte zu sagen: „Wer zaudert, ist verloren." Der Lieblingsspruch meiner Freundin Catherine lautet: „Keine Entscheidung ist auch eine Entscheidung."

Franklin Delano Roosevelt wurde von seinem Stab gewarnt, daß seine Maßnahmen zur Bekämpfung der Depression zu umfassend, zu teuer und zu hart wären. Da polterte er: „Na schön, vielleicht sind sie nicht in jeder Hinsicht perfekt. Aber wir müssen doch um Gottes willen irgend etwas tun!“ Er ging als der Kopf jener Regierung in die Geschichte ein, die es geschafft hat, die USA wieder auf die Beine zu bringen. Es brauchte nur eine Führungspersönlichkeit, die kühn war.

Jesus war kühn.

Frage

Was würden Sie tun, wenn Sie zehnmal so kühn wären? Trauen Sie sich, und tun Sie es.

Frage

Wann haben Sie es in Ihrem Leben schon einmal bereut, nicht kühn gewesen zu sein, und was hat sie dieses zögerliche Verhalten gekostet?

Er brachte es auf den Punkt

Die Pharisäer kamen zu Jesus und sagten: „Fasse für uns die Gesetze der Propheten zusammen. Welches ist das bedeutendste Gesetz?“ Sie wollten ihn in Verlegenheit bringen, da er gewiß zumindest eines von Tausenden im Laufe der Zeit angesammelten Gesetzen und Schriftstücken falsch zitieren würde. Er sah sie an und sagte: „Die Gebote lassen sich auf dieses eine reduzieren. Du sollst den Herrn, deinen Gott, lieben aus deinem ganzen Herzen, deiner ganzen Seele, und deinem ganzen Denken, und du sollst deinen Nächsten lieben wie dich selbst.“[58] Er konzentrierte Tausende von Lehren, Schriften und Theorien in einem einzigen Satz. Er brachte sie auf den Punkt.

Wenn Menschen ihre inneren Werte verstehen könnten, würden sie sich Jahre des Selbstzweifels, der Verwirrungen und der vergeudeten Energie auf der Suche nach ihrem Lebensweg ersparen. Jesu Hauptaussage war: „Wenn du glücklich sein willst, tu es einfach.“

Werbetexter werden dafür bezahlt, das Wesentliche aus Dingen herauszufiltern. Nehmen Sie zum Beispiel die Werbekampagne von Nike. Alle von Nikes Fabriken, Verkaufsvertretungen, Produkten, Energien, Kosten, Profite und Zielsetzungen wurden von ihrer Werbeagentur auf drei Worte reduziert: „Just do it." (Tu es einfach.) Die Agentur kreierte eine preisgekrönte und verkaufsfördernde Kampagne, die auf drei simplen Worten beruhte.

Meine Freundin und Gesellschafterin Sally Scaman ermahnt all jene, die ihre Berichte an sie abliefern: „Be bright. Be brief. And then be gone." (Fasse dich kurz. Bleib klar. Und dann fort mit dir.)

Alles, was die Vereinigten Staaten ausmacht, kann mit einem Wort ausgedrückt werden: Freiheit. Die letzten zwei Jahrhunderte haben wir daran gearbeitet, dieses eine Wort zu vervollkommnen, zu definieren, zu verstehen und umzusetzen.

Führungspersönlichkeiten identifizieren, artikulieren und resümieren Konzepte, die andere motivieren. Was aber das Wichtigste ist, sie reduzieren sie auf eine allgemein verständliche Idee.

Jesus brachte es auf den Punkt.

Frage

Wenn Sie Ihre Botschaft auf den Punkt bringen müßten, wie würde sie dann lauten?

Frage

Wie können Sie Ihre Worte und Taten entschlacken?

Er war sichtbar

Jesus war Gottes sichtbar gemachte Liebe: „Und das Wort wurde Fleisch und wohnte unter uns.“[59]

Jesus stellte sich auf die Spitze des Berges und rief seine Botschaft hinaus, er ging nicht ins Tal und murmelte sie vor sich hin. Er sprach in Synagogen, auf der Straße, in Tempeln, Gärten und auf jedem Fest, zu dem er eingeladen war. Er hatte keine Angst, aus der Masse hervorzustechen. Als die römischen Soldaten kamen, um ihn zu holen, nahmen sie alle Jünger fest, da sie nicht wußten, wer er war. Da trat Jesus vor und sagte: „Wenn ihr mich sucht, so laßt diese hier gehen!“[60]

Er war bereit, Gottes Blitzableiter zu sein.

Einige Jahre lang textete ich eine Cartoon-Serie mit dem Namen „Stringbean“ (Gartenbohne). In einem der Cartoons unterhalten sich zwei Regenwürmer unter der Erde. Einer sagt: „He du, Mortimer, hast du schon einmal herauszufinden versucht, wie es da oben so aussieht?“ Der andere sagt: „Nee. Kennst du den Spruch ‚Wer einen Blick riskiert, schnell das Leben verliert' nicht?" „Ja, stimmt", sagte Mortimer, „den kenne ich. Ein anderer lautet so: ‚Wer zu frech herausspäht, wird vom Schnabel niedergemäht.'" Nach einer kurzen Pause murmelt Mortimer durch seine Wand aus Dreck: „Schöner Tag, nicht wahr?" Der Punkt ist, daß die Regenwürmer keine Ahnung hatten, ob der Tag schön war oder nicht, da sie in ihrem selbstgewählten dunklen Gefängnis bleiben und nicht auffallen wollten. Führungskräfte können es sich nicht leisten, nicht aufzufallen.

D. L. Moody war einer der größten Prediger aller Zeiten. Immer wenn er seine Stimme erhob, zog er Zehntausende von Menschen an. Als ihn einmal jemand fragte, was das Geheimnis seiner rhetorischen Brillanz sei, sagte er: „Bevor ich spreche, gehe ich hinaus in die freie Natur und sage: ‚Herr, entfache das Feuer in mir.'"

Man sollte sein Licht hoch oben am Hügel leuchten lassen und nicht unter einen Scheffel stellen. Jesus war kein unauffälliger Mensch.

Er war sichtbar.

Frage

Wie sind Sie als Führungskraft sichtbar?

Frage

Überlegen Sie sich zehn Möglichkeiten, Ihre Sichtbarkeit zu erhöhen.

Er war bereit, den unüblichen Weg zu gehen

Jesus wußte, daß es nicht möglich war, den Menschen die Wahrheit auf dem leichtesten Weg zu vermitteln. Vielleicht hätte er es vorgezogen, seine Botschaft durch die Leviten und die Pharisäer verbreiten zu lassen, die bereits ein funktionierendes Verteilersystem aufgebaut hatten. Dieser Weg war ihm jedoch versperrt, also ging Jesus den unüblichen Weg. Er nahm einfache Fischer in seine Dienste. Führungskräfte müssen oft innovative Mittel wählen, um eine Botschaft an den Mann zu bringen oder ein Ziel zu erreichen.

Eine Geschichte des Alten Testaments hat mich immer wegen der Findigkeit des Protagonisten beeindruckt. Absalom, ein Sohn König Davids, war in Ungnade gefallen. David war so aufgebracht über den jungen Mann, daß er sich sogar weigerte, ihn zu sehen. Dieser Zustand hielt einige Zeit an, und für Absalom wurde es zusehends unerträglicher, von seinem Vater ferngehalten zu werden. Doch die Wachen ließen ihn nicht zu David. Da verkündete Absalom schließlich: „Wenn er mich nicht hören will, werde ich seinen Acker in Brand stecken.“[61] Gesagt, getan, und das Feld wurde angezündet. Erst nach dieser Verzweiflungstat erkannte David, wie sehr er seinen Sohn mit seiner Unnachgiebigkeit verletzt hatte, und versöhnte sich mit ihm.

Diese Geschichte erinnert mich an Candy Leitner, die Gründerin der Organisation MADD („Mothers Against Drunk Driving“ (Mütter gegen Alkohol am Steuer)). Diese Frau hatte beim Gesetzgeber Protest erhoben, da ein mehrfach vorbestrafter und wegen Alkohol am Steuer verurteilter Mann ihre minderjährige Tochter getötet hatte und ungeschoren davongekommen war. Wer wollte einer weinenden Mutter zuhören? Leider nicht viele. Candy Leitner ging nicht einfach nach Hause und verbarg ihren Kummer. Sie organisierte eine Gruppe von Müttern, gab ihr den Namen MADD und steckte die Medienacker in Brand. Sie hielt Pressekonferenzen ab. Sie verteilte rote Schleifen. Sie organisierte Selbsthilfegruppen. Sie erstellte Statistiken. Sie setzte ein Beispiel von engagierter Führung – ein Beispiel, das zeigt, wozu eine einzelne Person fähig ist. Wer denken Sie, hat die Gesetze gegen Alkohol am Steuer in den USA wirklich geändert? Ein Häuflein von Kongreßabgeordneten und Senatoren, die in Washington zu später Stunde ein Gläschen heben? Nein. Eine Frau und ihr Team, die beschlossen, Mit Außerordentlichem Druck Dazwischenzufahren („MADD“). Candy Leitner mußte, wie so viele Führungspersönlichkeiten, einen unüblichen Weg nehmen, um ihre Aufgabe durchzuführen. (Wohlgemerkt, sie nannte ihre Gruppe nicht NETT: „Nette Eltern (und) Tolerantes (Kongreß-)Team“.)

Wenn Sie glauben, für eine gute Sache zu kämpfen, eine wichtige Botschaft zu haben oder einen essentiellen Beitrag leisten zu müssen, werden Sie garantiert so innovativ sein wie ein verliebter Collegeanfänger, den neunhundert Kilometer von seiner Freundin trennen. Sie werden *dorthin gelangen,* egal wie.

Jesus war bereit, den unüblichen Weg zu gehen.

Frage

Welche Strategien haben Sie angewandt, um eine Botschaft zu vermitteln oder ein Projekt durchzubringen?

Frage

Sind Sie bereit, einen anderen Weg zu versuchen?

Frage

Welche neuen Ansätze kommen Ihnen in den Sinn?

Er war weitblickend

Der Cartoonist Gary Larson hat eine augenzwinkernde Art, die Dinge zu betrachten. Die Grundaussage lautet, daß wir uns alle nicht so ernst nehmen sollten. In einem meiner liebsten Larson-Cartoons sieht man einen sehr würdevollen, ernsten indianischen Kundschafter. Er liegt am Boden und hat ein Ohr eng an den Boden gepreßt. Eine Gruppe von berittenen Soldaten mit gespanntem Gesichtsausdruck umringt ihn. Der Indianer sagt: „Jawohl. Große Büffelherde im Anrollen. Etwa ein bis eineinhalb Meter entfernt."

Im Gegensatz zu diesem Indianer war Jesus weitblickend. Das muß der Grund dafür sein, warum er so gerne von Berghöhen aus predigte.

Die Zeichnung eines anderen berühmten Cartoonisten zeigt ein Geschöpf, das „der zweiten Stufe ins Auge blickt". Das Gesicht des Geschöpfes ist so eng an die Stufe gepreßt, daß es weder hinauf noch zurück, vorwärts oder zur Seite steigen kann, ohne hinunterzufallen. Es ist vollkommen festgefahren. Eine mögliche Interpretation ist, daß übertriebenes Analysieren dazu führen kann, daß man seinen Schwung verliert. Eine andere Botschaft wäre, daß man nicht erkennen kann, wohin der nächste Schritt führt, wenn man mit dem vorhergehenden gerade konfrontiert ist. Vor einer Chance zu stehen ist manchmal so, wie einer Giraffe auf die Knie zu starren.

Die beiden folgenden Memos sollen den Unterschied zwischen weitsichtigem und kurzsichtigem Denken illustrieren. Sie können sich vorstellen, wie Jesus auf diese Memos antworten würde. Zum ersten Memo, in dem es darum geht, einen Aufstand gegen Rom anzuzetteln, sagte Jesus einfach: „Mein Reich ist nicht von dieser Welt." Auf das zweite Memo reagierte er mit folgenden Worten: „Allezeit habt ihr die Armen bei euch, mich aber habt ihr nicht allezeit. Da sie näm-

MEMO I

AN: JC
VON: JI
BETRIFFT: Notwendigkeit, etwas gegen das Römische Reich zu unternehmen

Wie Du weißt, haben wir überwältigende Mitgliederzuwächse zu verzeichnen, und viele bezeichnen Dich als König.

Ist es nicht an der Zeit, dieser günstigen Entwicklung der öffentlichen Meinung Rechnung zu tragen und die Konkurrenz auszuschalten?

Hochachtungsvoll
Judas Iscariot

MEMO II

AN: JC
VON: JI
BETRIFFT: Verhalten Deiner Freundin bei Party

Als Schatzmeister der Organisation möchte ich darauf hinweisen, daß es einer unserer erklärten Missionsinhalte ist, den Armen Nahrung zu geben. Daß Maria, genannt Magdalena, vor kurzem eine teure Flasche Salböls zerbrach und es über Deine Füße goß, war eine totale Verschwendung von Schekels und sendet die falsche Botschaft an unsere – Verzeihung – *Deine* Bewunderer.

Bitte mache unmißverständlich klar, daß solche Extravaganzen in Zukunft unterlassen werden sollten.

Dein Ergebener
Judas Iscariot

lich dieses Salböl ausgoß über meinen Leib, tat sie dies zu meinem Begräbnis. Wahrlich, ich sage euch: Wo immer dieses Evangelium verkündet wird auf der ganzen Welt, da wird auch gesagt werden, was sie getan hat, ihr zum Gedächtnis."[62]

Maria Magdalenas Name und Tat werden in allen vier Evangelien erwähnt, während der Name Judas ein Synonym für das Wort *Verräter* wurde. Judas steht für Menschen mit eingeschränktem Blickfeld.

Jesus war weitblickend.

Frage

Welche langfristigen Perspektiven bietet ihr Führungsplan?

Frage

Wie wirkt sich Ihr Führungsplan auf zukünftige Entwicklungen aus?

Er wußte, daß niemand seine Pläne durchkreuzen konnte

Versuchen Sie sich vorzustellen, was Jesus gefühlt haben muß, als einer seiner geliebten Mitarbeiter sich gegen ihn wandte. Dies ist eine bittere Erfahrung, die viele von uns bereits gemacht haben, sei es im Geschäftsleben, in der Freundschaft oder in der Liebe. Aber selbst als Judas ihn verriet,[63] kam Jesus nicht ins Wanken. Alle macchiavellistischen, dunklen Kräfte des Bösen, die sich gegen ihn verschworen hatten, waren nicht in der Lage, Jesus zu Fall zu bringen. Er steckte den Schlag ein und machte unbeirrt weiter. Niemand wird es auf lange Sicht schaffen, Sie nicht hochkommen zu lassen – es sei denn *Sie* entscheiden sich dafür, unten zu bleiben.

Verrat, Bosse mit schlechten Nachrichten, zornige Ex-Partner und Kredite, die nicht gewährt werden ... all dies ist untrennbar mit dem Drama des Lebens verbunden. Führungspersönlichkeiten geben jedoch nicht auf, wenn sie eine Niederlage erleiden. Sie peitschen sich vorwärts bis zum Sieg.

Jesus wußte, daß niemand seine Pläne durchkreuzen konnte.

Frage

Welcher Verlust oder Verrat, den sie kürzlich erleiden mußten, könnte Sie dazu bringen, das Handtuch zu werfen?

Frage

Wenn Sie aufgeben, wer ist *wirklich* für Ihre Niederlage verantwortlich?

Er befolgte das Prinzip MOOH

Das Akronym MOOH war für mich ein wichtiger Ansporn, als ich meine Firma gründete. Wie so viele andere hatte ich versucht, von Banken Hilfe zu bekommen und mir ständig Absagen eingehandelt. Jedesmal, wenn ich abgelehnt wurde, sagte ich zu mir selbst „MOOH", was „Mit Oder Ohne Hilfe" bedeutet. „Ich werde diese Firma mit oder ohne Hilfe aufbauen", wiederholte ich immer wieder, während ich meine Wunden leckte.

Mit der Zeit traten immer mehr Menschen auf den Plan, die mir helfen wollten. Dennoch waren die ersten Jahre hart, zumindest was das Finanzielle betraf. Im Rückblick erwies sich dies als Segen, da ich ziemlich schnell lernen mußte, wie man den Cash-flow „in Schwung bringt". (Damals war mein Ansporn „MOOH", der meiner Mutter „Bitte Gott, sende ihr Cash-flow".)

Eine Führungspersönlichkeit muß sich so sehr für ein Projekt engagieren, daß sie bereit ist, es mit oder ohne fremde Hilfe durchzuführen. David drehte sich nicht um, um zu sehen, ob die Truppen ihm folgten, als er hinausging, um sich Goliath zu stellen. Er war nicht einmal ein König, sondern nichts als ein einfacher Schäferjunge, als er den Kampf mit dem Riesen aufnahm. Er wurde König, nachdem er allein hinausgegangen war.

Das Engagement Jesu für seine Mission des Heilens, Lehrens und Predigens war unabhängig davon, ob seine Crew ihm zur Seite stand oder nicht. Er hätte den ihm zugewiesenen Job auch ohne Petrus oder Maria Magdalena getan. Ich war schwer beeindruckt, als ich Zeuge wurde, wie Dominic, einer meiner Partner, in der Firma, die ihm mehrheitlich gehörte, den Post- und Telephondienst versah. Hier war ein sehr reicher Mann, der mehr als 350 Menschen Arbeit gab und trotzdem eigenhändig 1500 Poststücke abstempelte. „Dominic", sagte ich, „wieso läßt du das nicht einen deiner Mitarbeiter machen?" Er antwortete gutmütig: „Alle anderen waren in Sitzungen, und diese Post mußte einfach heute raus."

Später erzählte er mir, daß er auf einer Farm aufgewachsen sei, wo es selbstverständlich war, daß jeder dort einsprang, wo er gerade gebraucht wurde. „Wenn eine Kuh gemolken werden mußte, war es meinem Dad egal, wer gerade dran war – es mußte eben einfach getan werden."

Mit wieviel weniger Problemen müßten sich Betriebe herumschlagen, würde jeder dies beherzigen. Das Fehlen dieser „Es muß einfach getan werden"-Haltung ist einer der Gründe, warum wirklicher Dienst am Kunden so dünn gesät und so gefragt ist. Wenn man nur darum bemüht ist, seine Arbeitsplatzbeschreibung peinlichst genau einzuhalten, bleibt keine

Zeit mehr, die wirklich notwendigen Dinge zu erledigen. Eine der vorrangigsten Regeln eines guten Geschäftsmanagements besagt, daß Manager ihre Angestellten um nichts bitten sollten, das *sie* selbst nicht bereit sind zu tun. Es ist reine Zeitverschwendung, wenn Manager dasitzen und auf Hilfe warten.

Eleanor Roosevelt, eine der größten Führungspersönlichkeiten unserer Zeit, ließ einer Anzahl von Studenten aus ihrem persönlichen Vermögen finanzielle Unterstützung zukommen. Ich las einmal einen Artikel über einen jungen Mann, der sich erinnerte, jeden Monat einen Scheck in der Höhe von fünfundsiebzig Dollar bekommen zu haben, von Eleanor Roosevelt unterschrieben und auf ihr persönliches Konto ausgestellt. Er sagte, daß er diese Schecks jahrelang erhielt, auch als sie nicht mehr First Lady war.

Es wäre viel einfacher für sie gewesen, ihn an irgendeinen finanzkräftigen Stipendienausschuß zu verweisen, vielleicht noch zusammen mit einem wohlmeinenden Empfehlungsschreiben. Gute Ausbildung und die Unterstützung vielversprechender Studenten waren ihr jedoch ein persönliches Anliegen. Sie förderte mehr als fünfundzwanzig Studenten aus eigener Tasche. Sie war bereit, den Studenten *mit oder ohne Hilfe* unter die Arme zu greifen.

Jesus befolgte das Prinzip MOOH.

Frage

Wofür wären Sie bereit, sich mit oder ohne Hilfe zu engagieren?

Frage

Wen und was, abgesehen von sich selbst, haben Sie mit Ihrem persönlichen „Bankkonto“ unterstützt?

Er ging Schritt für Schritt vor

Louise Hay, eine berühmte Autorin und Philantropin, wurde einmal gefragt, wie sie ihr großartiges Lebenswerk zuwege bringen konnte. Sie sagte: „Es war leicht. Ich tat einfach, was als nächstes vor mir lag, und half aus, wo immer ich konnte." Sie ist heute Eigentümerin eines Verlagshauses, Herausgeberin einer erfolgreichen Buch- und Kassettenreihe und stolze Besitzerin eines Strandhauses. Diese Erfolge resultieren rein daraus, daß sie stets Schritt für Schritt vorging und aushalf, wo immer sie konnte.

Die Versuchung, alles auf einmal und wenn möglich perfekt tun zu wollen, führt oft zu Verzögerungen, Untätigkeit oder sogar vollkommener Lähmung. In einer typischen Arbeitssituation, bei der viele Aufgaben gleichzeitig anstehen, spornen gute Führungskräfte und Manager ihre Teams ständig dazu an, ihren Blick nach vorne zu richten und kontinuierlich ihre Arbeit zu verrichten.

Eines Tages wurde ein Freund von mir namens Bob Campion, der damit betraut ist, manchmal bis zu fünfzehn ländliche Gesundheitseinrichtungen auf einmal zu erneuern oder technisch aufzurüsten, zu einer Firmentagung nach Florida gerufen. Er sagte zu Bill, seinem Boß: „Ich brauche nur noch eine Woche, dann habe ich alles auf der Reihe." Bill antwortete: „Dafür haben wir keine Zeit, Bob. Legen Sie einfach die Fakten auf den Tisch, und wir beide bringen das Ding gemeinsam auf die Reihe."

Ich höre heute noch die mahnenden Worte meiner Mutter: „Honey, auch wenn du fallen solltest, du kannst immer nach vorne fallen." Nur im tiefen Wasser ist ein wirklich guter Fang zu machen. Führungskräfte werden ständig in tiefes Wasser geworfen.

Es gibt keine detaillierte, allgemeingültige Gebrauchsanweisung, wie man sich in einer Spitzenposition zu verhalten hat ... nur eine ungefähre Orientierungshilfe.

Sogar Jesus, so sehr er sich auch im klaren über seine Berufung war, war Tag für Tag auf neue Instruktionen angewiesen. Einmal sollte er warten, ein andermal sofort handeln.

Einer meiner Betriebsberater erzählte mir von einem seiner Freunde, der sich seinen Traum erfüllen konnte: Besitzer und Manager eines Ferienhotels auf Hawaii zu sein. „Weißt du, wie er das geschafft hat?" fragte er mich. „Indem er Pfannkuchen lüpfte ... einen nach dem anderen." Der Traum dieses Mannes war es, ein Hotel zu besitzen, aber er hatte kein Geld. Er nahm daher einen Job als Koch in einem Pfannkuchenrestaurant an und wurde bald zum Manager befördert. Schon nach kurzer Zeit machte ihn der Besitzer zum Teilhaber, und gemeinsam kauften sie ein Restaurant nach dem anderen. Es dauerte nicht lange, bis ein kleines Imperium daraus geworden war und sie mit dem Erlös aus dessen Verkauf ein Ferienhotel auf Hawaii erwerben konnten. „Ron“, sagte ich lachend, „er lüpfte *Pfannkuchenrestaurants*, nicht Pfannkuchen.“ „Tja“, grinste er, „genau das ist der Punkt. Er fing als Koch an und tastete sich Schritt für Schritt vor.“

Wann immer ich dann später voll Ungeduld und Frustration zu ihm kam, weil ich nicht wußte, wie mein nächster Schritt aussehen sollte, und ihn mit tausend Fragen überhäufte, wie ich je dorthin gelangen könnte, lächelte Ron mich an und sagte: „Lüpf ... lüpf ... lüpf“, indem er imaginäre Pfannkuchen in die Luft warf.

Jesus ging Schritt für Schritt vor.

Frage

Müssen Sie den Gesamtüberblick haben, bevor Sie eine Sache angehen können?

Frage

Sind Ihnen einige Führungskräfte bekannt, die einen Schritt unternahmen, ohne zu wissen, wohin er führen würde?

Er nahm seinen Stab fest in die Hand

Jesus nahm seinen Stab fest in die Hand, als er sagte: „Ihr werdet größere Dinge tun, als ich getan habe.“ Ebenso nahm er seinen Stab fest in die Hand, als er sagte: „Ihr habt das Recht, für das, was getan werden muß, meinen Namen zu verwenden.“

Um seinen Stab fest in die Hand zu nehmen, ist es unumgänglich, ein gemeinsames Ziel vor Augen zu haben. Führungskräfte müssen vorhandene Ressourcen kennen und nutzen, um etwas zu erreichen. Ihre Ressourcen müssen auf ihre Ziele abgestimmt und zugeschnitten sein, so daß sie bei der Durchführung einer Aufgabe Hand in Hand arbeiten. Führungskräfte müssen ihre Ressourcen mit Konzentration steuern, beseelt von dem Willen, erfolgreich zu sein.

Als Kind war ich fasziniert von Cecil B. De Milles Film *Die Zehn Gebote*. Darin trug Moses stets seinen Stab bei sich, ob er dem streitbaren Pharao gegenüberstand oder die ängstlichen, klagenden Israeliten anführte. Er wußte, daß dieser „Stab“ Macht in sich hatte. Er verwandelte sich zu

Füßen des Pharaos in eine Schlange. In der Wüste zertrümmerte er damit einen Felsblock und teilte das Rote Meer. Wann immer Moses mit schwierigen Situationen konfrontiert war, nahm er seinen Stab fest in die Hand und gebrauchte ihn mit Autorität, Überzeugung und Macht.

Moses gebrauchte seinen Stab nicht als Angelrute, an der ein Köder baumelt. Allzu oft wird ein Stab von Büroangestellten aber genau auf diese Weise eingesetzt. Die Angelruten-Mentalität kommt zum Vorschein, wenn die Empfangsdame nicht die Mission des Betriebes erklären kann oder Personal ständig ausgewechselt wird. Eine Freundin von mir, sie ist Anwältin, half zwanzig Ärzten, das Spital, für das sie arbeiteten, zu verlassen und eine eigene Firma zu gründen. Als ich fragte, warum die Ärzte kündigten, antwortete sie: „Sie hatten das Gefühl, nur der Köder für die größere Gruppe zu sein. Sie fühlten sich respektlos behandelt." Leider ist es eine oft angewendete Managementpraktik, Verkaufskräfte, Mitarbeiter oder sogar die eigenen Kunden als Köder für größere Geschäfte zu betrachten und zu behandeln.

Auch Ihre Kunden sind Teil Ihres Stabes. Sie können Ihre bedeutsamste Verkaufskraft sein.

Zu allererst ist es wichtig, Ihre Leute von Ihrem Mission Statement zu überzeugen. Danach sollten Sie Ihre Mitarbeiter gewissenhaft und umsichtig in allen geistigen Aspekten der Arbeit unterweisen, die sowohl für Ihre Mitarbeiter als auch für Sie wichtig sind. Zu gegebener Zeit werden Sie dann besser in der Lage sein, sie mit Autorität zu führen.

Ich beriet einmal ein Unternehmen, in dem interne Rivalitäten und Konflikte so sehr grassierten, daß man darüber offensichtlich die Mission der Firma vergessen hatte. Ich sagte: „Während Sie sich noch über die Aufteilung des Kuchens streiten, macht sich Ihre Konkurrenz mit der Küche davon." Ihr Manager hatte es zugelassen, daß die Moral der Mitarbeiter verwässert und dadurch das Fundament der Firma zum Einsturz gebracht wurde.

Jesus hatte eine immens große Aufgabe, aber er erreichte, was er sich vorgenommen hatte. Er nahm seinen Stab fest in die Hand. Er sagte: „Geht jetzt, und lehrt, was ihr gelehrt worden seid, und zeigt, was ihr gelernt habt."

Jesus nahm seinen Stab fest in die Hand.

Frage

Wann haben Sie Ihren Stab fest in die Hand genommen und seine Macht genützt, um etwas zu erreichen?

Frage

Welche Entscheidung schieben Sie hinaus, weil Sie im Unterbewußtsein auf Bestärkung warten?

Frage

Was hält Sie davon ab, Ihren Stab in die Hand zu nehmen und sich der Situation mit Bestimmtheit, Glauben und Nachdruck zu widmen?

Er servierte nur den besten Wein

Vor kurzem besuchte ich Verwandte einer Freundin, die sämtliche Möbel in ihrem Wohnzimmer ganz sorgfältig mit Plastikplanen zugedeckt hatten. „Zwanzig Jahre – und dieses Sofa ist noch immer so gut wie neu." Susans Mutter strahlte. Ich versuchte mir die brütende Hitze in New York vorzustellen und fragte Susan: „Was haben Sie im Sommer gemacht?" „Wir haben uns ganz einfach vom Wohnzimmer ferngehalten", antwortete sie mit einem tiefen Seufzer. Wofür war dann das Sofa da?

Jesus hielt sich nicht zurück. Sein erstes dargebotenes Wunder war die Verwandlung von Wasser zu Wein bei einer Hochzeit. Jeder, der Jesus begegnete, bekam das volle Ausmaß seiner Zuneigung zu spüren.

Diese Fähigkeit ist von großer Wichtigkeit, denn so oft teilen wir unsere Zuneigung nur in kleinen Dosen aus. Wer kennt nicht den Professor, dem niemand gut genug für eine Eins ist oder den Boß, der nie ein „Gut gemacht" über die Lippen bringt.

An meinem ersten Arbeitstag in Atlanta brachte mir eine Person spontane Zuneigung entgegen. Man stellte mich in meiner neuen Firma der Sekretärin vor, sie sah von ihrem Schreibtisch auf und sagte sofort: „Oh! Ich hoffe, Sie werden für immer hier arbeiten!“ Sie kannte mich nicht, wollte aber meine Freundin werden. Sie hatte bereits beschlossen, mich zu mögen, noch bevor ich meinen Fuß über die Schwelle gesetzt hatte. Ich wünschte, mehr Leute könnten spontane Zuneigung zeigen. Leider sind viele von uns wie Olympia-Schiedsrichter – wir messen die Leistung eines Menschen in Zehntelpunkten, bevor wir ihm unser Herz öffnen.

Worauf warten wir, bevor wir endlich den Wein servieren? Wie so viele unserer jungen Menschen heute starb Jesus weit vor seinem vierzigsten Geburtstag. Vielleicht wußte er, daß er nicht lange hier sein würde und schenkte deshalb den besten Wein zuerst aus. Er gab den Wein freigebig jedem, der davon trinken wollte. Er schenkte all sein Bestes jedem ein, der ihm begegnete.

Er servierte nur den besten Wein.

Frage

Was ist in Ihrem Leben noch mit Plastik zugedeckt und für einen speziellen Anlaß reserviert?

Frage

Wie oft halten Sie Liebe und Zuneigung zurück, bis sie jemand „verdient“ hat?

Er änderte den Maßstab

Das größte und wichtigste Potential einer Führungskraft besteht wahrscheinlich darin, Maßstäbe ändern zu können. Jesus sagte ständig: „Es steht geschrieben ... *aber* ich sage ..." Er änderte die Maßstäbe – der Heiligkeit, der Erfordernisse, um vor Gott treten zu dürfen ... wie wir Entwicklung und Wert der Menschen messen. Es ist nicht nötig, stundenlang zu beten – wichtig ist die Intensität unserer Gebete. Es kommt nicht darauf an, ob man gut aussieht oder nicht, sondern darauf, ob man selbst den Blumen am Feldrand Beachtung schenkt und wie man sie behandelt.

Wir alle sind Sklaven unserer Gedanken, unsere Vorstellung von Erfolg ist der Motor, der uns antreibt. Einer meiner größten Bewußtseinskonflikte erwuchs mir aus der Tatsache, daß meine Mutter Künstlerin, mein Vater Verkäufer war. Mom malte ein Bild, Dad bewunderte es kurz und sagte dann: „Wieviel glaubst du, bekommst du dafür?" (Wahrscheinlich ging ich deswegen in die Werbung. Ich erzähle jedem, daß ich dazu erzogen wurde.) Ich kann vollkommen verstehen, wieso meine Mutter ihre Pinsel immer erst dann auspackte, als mein Vater außerhalb der Stadt unterwegs war. Sein alles umspannender Maßstab hielt ihre Kreativität in Schach.

Klischees sind schwer auszumerzen, aber wenn Männer nur über den Inhalt ihrer Geldtasche und Frauen über ihr Aussehen definiert werden, haben wir noch einen weiten Weg vor uns, bis wir fähig sind, in unseren Kindern einen Sinn für wahre Werte heranzubilden. Schönheitswettbewerbe sind faszinierende Kulturereignisse. Welche Botschaft vermitteln wir Kindern beiderlei Geschlechts jedoch mit solchen Jurys, die Frauen in verschiedenen Schmink- und Entblätterungsstadien bewerten – und zwar auf Zehntelpunkte genau? „Hier kommt Miß New Jersey, Bud. Ich gebe ihr eine 9,6." Kein Wunder, daß zehn- bis elfjährige Mädchen in der Mathestunde ohnmächtig werden, weil sie hungern, um zehn Pfund abzunehmen. Frauen dürfen nicht wie Vieh abgemessen und gewogen werden. Trotzdem werden in Zeitschriften bei Models sogar heute noch Größe und Gewicht angegeben. Auch Männer dürfen nicht daran gemessen werden, wieviel Geld sie auf der Bank haben. Ich kann darüber nur lachen, wenn Zeitschriften wie *Forbes* über den „Nettowert" von Mr. X berichten. Bedeutet dies, daß eine Person, die X,X Milliarden auf dem Konto hat, mehr wert ist als ein Kind mit einer 50-Pfennig-Münze in der Tasche? Klingt doch absurd, oder? Aber beobachten Sie einmal, wie Leute mit Geld zum Unterschied von armen Schluckern behandelt werden. Unsere kulturellen Maßstäbe sind dafür allein verantwortlich.

Wir sind Sklaven unserer Überzeugungen ... verkauft an unsere speziellen Maßstäbe.

Ich bin Mitglied der Weltwirtschaftsakademie, die sich mit der Änderung von Maßstäben in Unternehmen und Staaten beschäftigt. Diese Gruppe, die sich aus leitenden Angestellten und Führungskräften zusammensetzt, trifft sich regelmäßig bei Versammlungen der lokalen Ortsgruppen und jährlichen Klausuren, um zu erörtern, wie man einen Paradigmenwechsel in der Geschäftswelt herbeiführen könnte. Bei einer Tagung in Dallas, Texas, meinte ein Sprecher, daß die UNO sich Wege überlegt, als Bemessungsgrundlage für den Fortschritt eines Staates nicht nur Kriterien wie das Bruttosozialprodukt oder den rein wirtschaftlichen Ertrag, sondern auch Faktoren wie den Status von Frauen und Kindern und die Sensibilisierung für Umweltthemen heranzuziehen. Die Weltwirtschaftsakademie geht davon aus, daß es bei Wirtschaftszweigen, die den Gewinn als einzigen Gradmesser für Erfolg anerkennen, zu einem Raubbau an den Ressourcen kommt. Geld als Maßstab aller Dinge hat sich bereits verheerend auf die Belastbarkeit des Planeten und die seelische Entwicklung der Menschheit ausgewirkt.

Denken wir nur an Hollywood und seine auf Geld basierenden Maßstäbe. Actionfilme schneiden sowohl in den USA als auch in Europa am besten an den Kassen ab. Daher gibt es diese wahre Flut von Filmen, in denen gesprengt, verstümmelt und getreten wird, nur um zu lähmen und zu zerstören. Heute erst las ich, daß der ganze Hokuspokus der Computertechnologie einem „hohen Verwendungszweck“

zugeführt wird. Kinder können jetzt ein Videospiel kaufen, bei dem der Sieger die Wahl hat, seinem unterlegenen Gegner entweder „das Herz herauszureißen" oder „das Rückgrat zu brechen". Offensichtlich wurden Millionen von Dollar und jede Menge Gehirnschmalz aufgewendet, um dieses garantiert gewinnbringende Videospiel zu entwickeln.

Soll das unser Bestes sein? Mit allen uns zu Gebote und zur Verfügung stehenden Gaben, mit all den Jahrhunderten technologischen Fortschritts, ist das alles, was wir unserem Schöpfer und, in unseren Kindern, unserer schöpferischen Zukunft bieten können? Geld als den einzigen „Maßstab" zu betrachten, scheint mir ein todsicherer Weg in die Dekadenz zu sein. Auch Jesus beschäftigte sich mit diesem Thema. Er sagte: „Das Geld als den einzigen Maßstab zu nehmen, ist die Wurzel allen Übels ..." Es ist Zeit für uns – für uns alle – den Maßstab zu ändern, den Maßstab für Erfolg, für Fortschritt und für uns selbst.

Jesus änderte den Maßstab.

Frage

Welchen Maßstab wenden Sie zur Zeit an, um Ihren Wert zu definieren? Ist es Geld? Sind es Erfolge? Ist es Ihr Gewicht? Die Anzahl Ihrer Autos? Was ist es?

Frage

Welche Maßstäbe würden Sie ändern?

Er gab sich für andere besondere Mühe

In einem der Bücher des Altes Testaments sagt Gott (durch Jeremias): „Das habe ich gegen dich – daß du dir für mich keine Mühe gegeben hast."

In einem Kommentar einer neueren Ausgabe von *U.S. News & World Report* stellt John Leo fest, daß viele Menschen heutzutage Gott als Hobby betrachten. Keine Beziehung kann überleben, wenn einer oder beide Partner beginnen, einander nachlässig zu behandeln und aufhören, sich um den anderen zu bemühen.

Ich glaube, daß sich Gott danach sehnt, mit jedem von uns eine innige und sogar romantische Beziehung einzugehen. Schließlich kam Jesus auf die Erde, um seine „Braut" zu suchen. Und eines der wichtigsten Elemente einer Romanze ist die Mühe, die der Geliebte auf sich nimmt, um die Angebetete für sich zu gewinnen. Mariachi-Bands zu engagieren, um ein Ständchen unter dem Balkon zu singen, „Ellen, willst du mich heiraten?" in den Himmel zu schreiben, jede Woche ein Dutzend Rosen zu schicken – all das beweist, daß jemand sich große Mühe gegeben hat, um Liebe und Zuneigung auszudrücken. Und doch behandeln wir Gott wie eine einsame Hausfrau, die glauben soll, daß ihr Ehemann sie liebt, nur weil er ißt, was sie für ihn kocht.

Gott soll König David deshalb so sehr geliebt haben, weil dieser seine Liebe so vollkommen, intensiv und leidenschaftlich erwiderte. Was sonst sind die Psalmen als Liebeslieder an Gott? David und Jonathan waren Freunde, die den vorgezeichneten Weg verließen, um ihre Liebe füreinander zu zeigen. Noëmi und Rut lebten vor, wie stark ein Band zwischen Frauen sein kann – sie waren sogar bereit, füreinander zu sterben. In der Tat sind es ihre „Gelübde", die bei einer traditionellen Hochzeit heute oft wiederholt werden: „Denn wo du hingehst, da gehe auch ich hin. Dein Volk ist mein Volk. Wo du stirbst, da sterbe auch ich, und da will ich begraben sein ..."

Würden wir all die biblischen Helden und Heldinnen näher betrachten, könnten wir, glaube ich, erkennen, daß es etwas gab, das ihnen allen gemeinsam war: sie gaben sich für Gott besondere Mühe.

Wenn Sie glauben, daß Gott spontane und persönliche Beweise unserer Zuneigung nicht braucht oder nicht daran interessiert ist, haben Sie das Hohelied Salomons nicht gelesen oder die Geschichte von Maria Magdalena, die wertvolles Salböl über Jesu Füße goß. Er war von ihrer teuren und überschwenglichen Geste der Zuneigung so berührt, daß nach seinem Willen dieser Akt der Liebe überall dort erzählt wird, wo man auch seine Geschichte erzählt. Jesus war es ein großes

Bedürfnis, daß Menschen ausdrücken, was sie für ihn fühlen – laut und vernehmlich. „Liebst du mich, Petrus?“ war eine ehrliche und aufrichtige Frage eines wartenden Herzens.

Wollen wir Gott unsere Liebe zeigen, so ist es nicht notwendig, aufwendige Rituale zu zelebrieren. Jesus legte es ziemlich klar fest: „Was ihr getan habt einem von diesen meinen geringsten Brüdern, habt ihr mir getan.“ (Mt 25:40) Vergessen Sie pompöse Zeremonien ... laute Gebete auf dem Marktplatz ... demonstrativ im Fernsehen überreichte Schecks. Nach Aussage Jesu soll man seine Liebe zu Gott zeigen, indem man jede Seele, der man begegnet, so behandelt, als ob sie Gottes eigenes Kind sei. Selbst wenn wir jemandem nur ein Glas Wasser bringen, ist uns der Lohn sicher.

Ich sprach einmal mit einer phänomenal erfolgreichen Unternehmensberaterin, die sich auf die Vermittlung von Führungskräften spezialisiert hatte. Als ich sie nach ihrem Geheimnis fragte, sagte sie: „Es ist einfach. Wann immer das Telephon läutet, sage ich zu mir selbst ‚Das ist Gott, der da am anderen Ende ist‘, und ich überlege, wie ich dieser Person am besten dienen kann ...“

Wenn wir ein Volk der Mittelmäßigkeit geworden sind, dann nur deswegen, weil wir aufgehört haben, uns um Gott zu bemühen.

Jesus gab sich für Gott und andere besondere Mühe.

Frage

Wie bemühen Sie sich um Gott?

Frage

Wer bemüht sich um Sie?

Er schulte seine Nachfolger

Ich wurde persönlich Zeuge des Untergangs eines Direktors, der ein großes Unternehmen fast zwölf Jahre lang egozentrisch, eitel wie ein Pfau und so intelligent wie eine Bachstelze geleitet hatte. Als seine Inkompetenz ihm schließlich den Garaus machte und ihm das Steuer aus der Hand genommen wurde, hatte der Schaden bereits enorme Ausmaße erreicht. Das Problem war nicht nur seine Inkompetenz, deren Folgen nun behoben werden mußten – er hatte sich selbst multipliziert, indem er prinzipiell nur Leute eingestellt hatte, die noch weniger als er für ihren Job qualifiziert waren und so für ihn in jeder Beziehung ungefährlich waren. Inkompetenz hatte den Kern der Organisation durchsetzt und von dort aus wie ein Krebsgeschwür jede Abteilung befallen, so daß der Exitus der gesamten Organisation beinahe die Folge gewesen wäre.

Im Gegensatz dazu war Jesus als Manager stets bedacht und bestrebt, Leute in seine Dienste zu nehmen, die ihm nachfolgen konnten. „Ihr werdet größere Dinge tun, als ich getan habe", versprach er. Jesus hat die Macht seines Amtes weder gehortet noch eifersüchtig bewacht. Er hörte nicht auf, sie zu lehren, zu teilen und zu demonstrieren. Auf diese Weise sollten die Mitglieder seines Teams lernen, daß auch sie die Macht haben zu tun, was er getan.

Um so großzügig mit seiner Macht umzugehen, mußte Jesus sich seiner Sache sehr sicher gewesen sein. Sein Wirken war von der wiederholten Bestätigung und dem tiefen Verständnis für sein Ansehen beim „Vorstandsvorsitzenden" geprägt. Er zweifelte nie daran, daß er, wenn alles vorbei war, am Tisch der Chefetage sitzen würde. Sein Job war es, alle Plätze zu besetzen und andere an seine Seite zu holen.

Florence Littauer ist eine erstaunliche Frau. Sie schrieb mehr als dreizehn Bücher, wobei von einem, *Personality Plus,* über 300.000 Exemplare verkauft wurden. Ich besuchte eines ihrer Seminare und war überrascht, als sie die Bühne zusammen mit ungefähr sechsundzwanzig anderen Autoren betrat – jedem von ihnen hatte sie geholfen, *eigene* Bücher zu schreiben. Sie stand auf der Bühne mit all diesen Autoren und sagte: „Wenn Sie denken, daß das, worauf ich am meisten stolz bin, meine Bücher sind, liegen Sie falsch. Am meisten bin ich auf die Menschen stolz, denen ich dabei geholfen habe, selbst Schriftsteller zu werden." Sie definierte ihren Erfolg nicht über ihre Produkte, sondern über die Leute, die sie geschult hatte. Als unsichere Autorin hätte sie wahrscheinlich versucht, die Konkurrenz so gering wie möglich zu halten. Sie jedoch schulte ihre Nachfolger mit Hingabe.

Jesus schulte seine Nachfolger.

Frage

Welche Vorteile könnte Ihr potentieller Nachfolger für sich gewinnen?

Frage

Glauben Sie, daß Ihnen Ihr Platz am Tisch der Chefetage sicher ist? König David schrieb in Psalm 16:5: „Herr, du bist es, der mein Los erfaßt.“ Wenn dies zutrifft, gibt es keinen Grund, Macht zu horten. Der Platz ist auf Ihren Namen reserviert und wird in Ehren gehalten.

Er sagte: „Warum nicht ich?"

Wenn uns etwas Schlimmes widerfährt, ist einer der ersten Gedanken meistens: „Warum ich, Herr?" Auch der alte Tevje klagt im Stück *Anatevka:* „Ich weiß, wir sind das auserwählte Volk, Gott, aber kannst du nicht zur Abwechslung einmal jemand anderen auswählen?"

Eines der Hauptkriterien von Führungsqualität oder Reife ist es aber gerade, „Warum nicht ich?" sagen zu können. Meine Freundin Catherine verdreht jedesmal die Augen, wenn Menschen im Fernsehen erzählen, wie Gott sie vor einem schrecklichen Flugzeugabsturz oder einer Massenkarambolage auf der Autobahn bewahrt habe. „Bedeutet das denn, daß Gott die Leute, die bei dem Absturz umkamen, nicht liebte?" fragt sie ungläubig. Allein die Vorstellung, daß Gott nur die Guten segnet und nur die Schlechten bestraft, führt unmittelbar zu der Frage: „Was hat dann Jesus verbrochen, daß er so jung einen so schmerzvollen Tod erleiden mußte?" Gott übersteigt unser Verständnis von Gut und Schlecht bei weitem, und er hat einen ewigwährenden Plan, den niemand von uns in seiner Gesamtheit erfassen kann. Die Bereitschaft, sich in Gottes Konzept einzufügen, ist tatsächlich eines der wichtigsten Merkmale spiritueller Führung.

Jesus erzählte die Geschichte eines reichen Gutsherrn, der seine Weinberge einer Gruppe von Leuten anvertraute. Der Gutsherr schickte einen Boten nach dem anderen in das ferne Land, um zu sehen, ob sein Grund Ertrag bringe, aber alle berichteten nach ihrer Rückkehr, ignoriert, mißhandelt und sogar geschlagen und gesteinigt worden zu sein. An dieser Stelle kann ich mir sehr gut Jesus vorstellen, der als der älteste Sohn des Gutsherrn hervortritt und sagt: „Vater, warum sendest du nicht mich?"

Auch David äußerte diese Worte, als all die anderen Israeliten in ihren Zelten zitterten, weil sie die Beleidigungen und Drohungen Goliaths fürchteten. „Niemand sonst ist bereit, da hinaus zu gehen. Warum nicht ich?"

Die Warum-nicht-ich-Frage kann in gleicher Weise auf die gewinnbringende Seite der Gleichung angewandt werden. Wenn Sie die Karrieren von einigen der erfolgreichsten Sportler und Unternehmer verfolgen, werden Sie zweifellos feststellen, daß diese irgendwann Erfolgsstories anderer Menschen studierten und sagten: „Warum nicht ich?"

Vor einem Jahr besuchte meine Mutter eine Kunstgalerie in Sedona, Arizona. Nachdem sich Mom in endlosen Schwärmereien erging, wie glücklich die Frau, die dort arbeitete, doch sei, in so einem atemberaubend schönen Teil des Landes zu leben, sagte ihr Gegenüber: „Wieso ziehen Sie nicht hierher?" Mom antwortete sofort, daß Sie es sich nicht leisten könne, hier zu leben. Die Frau lachte und sagte: „Denken Sie, ich habe einen Goldesel? Wirklich nicht. Aber eines Tages beschloß ich, daß dies der Ort ist, an dem ich leben möchte, also raffte ich mich auf und zog hierher. Sie können das auch.“ Dann gab sie ihr eine Liste von Maklerbüros, die sie aufsuchen sollte. Auf dem Weg nach Hause sagte Mom immer wieder zu sich selbst: „Diese Frau lebt in Sedona. Warum nicht ich?“ Während der ganzen Heimfahrt nach El Paso schickte sie innige Gebete gen Himmel, und als sie angekommen war, bot sie das Haus, in dem sie vierunddreißig Jahre gelebt hatte, zum Verkauf an. Am selben Tag bereits war das Geschäft perfekt – der Käufer war ein Mann, der das Haus schon immer bewundert hatte, und sechzig Tage später nippte meine Mutter an ihrem Tee auf ihrem neuen Balkon in Sedona.

In letzter Zeit ist es Teil meines mentalen Trainings, über Menschen nachzudenken, die das tun, was ich eigentlich tun will, und zu erkennen: „Sie tun dies. Warum nicht ich?“ Das hat nichts mit Neid, Eifersucht oder Boshaftigkeit zu tun. Es lebt von der Erkenntnis, daß keiner von uns in ein Kastensystem hineingeboren wurde, sondern wir alle uns an den schönen Dingen und den Festmählern des Lebens ergötzen können.

Jesus war eigentlich eine wandelnde Einladung zu einem großen Festmahl. Und die einzige Voraussetzung dabeizusein, ist, die Einladung anzunehmen. „Moses geht hin. David geht hin. Königin Ester geht hin. Jeremias geht hin. Die ganze Clique wird dort sein.“

„Warum nicht ich?“

Frage

Beneiden Sie andere oft um ihren Erfolg?

Frage

Was können *Sie* tun, um ebenso erfolgreich zu sein?

Er ließ los

Die elementarste Demonstration des Glaubens Jesu war vielleicht nicht so sehr, daß er auf die Erde kam, sondern daß er sie verließ. Nachdem er sich ein Leben lang auf seine Mission vorbereitet hatte und ihm nur drei Jahre geblieben waren, um sie umzusetzen und zu lehren, mußte er vor seinem Werk stehen und es loslassen. „Es ist vollbracht", sagte er mit seinem letzten Atemzug. Und dann ließ er los.

Wenn Sie alles Menschenmögliche getan haben – egal ob es sich um ein Projekt, ein Geschäft oder eine Beziehung handelt – dann ist Loslassen das einzige, was Sie noch tun können.

In einem der Filme über Indiana Jones macht sich der Titelheld mit seinem Vater auf die Suche nach dem Heiligen Gral. Nach vielen Abenteuern und Herzesleid ist Indiana schließlich am Abgrund angelangt – nur ein Griff trennt ihn von dem begehrten Gegenstand. Indianas Position in der Felswand ist aber so gefährlich, daß er, so erkennt sein Vater, bei dem Versuch, den Gral zu holen, das Gleichgewicht verlieren und in die Tiefe stürzen würde. Als Indiana sich dazu anschickt, den Preis zu nehmen, flüstert sein Vater: „Laß los." Es entsteht eine lange Pause, und man kann die Qual von Indianas Gesicht ablesen. Haben sie all die Strapazen umsonst auf sich genommen? Kann er nicht endlich seine Hände um den Schatz legen, den sie gesucht haben? Kann er nicht endlich seinen Vater stolz machen? Eine weitere Sekunde verstreicht, sein Vater nimmt seinen Arm und sagt jetzt etwas bestimmter: „Indiana, laß los."

Indiana tut, wie ihm befohlen, und das Publikum schnappt nach Luft. Es ist so untypisch für Indiana – so untypisch für Amerika, für Hollywood – daß sie den langen Weg umsonst auf sich genommen haben. Und doch wird dem Publikum fast im selben Moment klar, daß es bei dieser Reise nicht darum ging, den Gral zu holen. Es ging darum, Zeit miteinander zu verbringen, darum, in einer Extremsituation dem Tod gemeinsam ins Auge zu sehen und gestärkt in ihrer Beziehung daraus hervorzugehen. *Das* war der Preis.

Ich frage mich, wie oft Gott uns „Laß los" zuflüstert. Wie in dem Film, war unser Vater mit uns auf unserer Reise und versucht uns vielleicht zu sagen, daß wir, wenn wir unter diesen besonderen Umständen den Preis holen würden, riskierten, unser Gewicht zu verlieren und in die Tiefe zu stürzen. Dann fühlen wir, wie Er uns am Ärmel zupft und flüstert: „Laß los. Es ist vorbei. Laß los."

Jesus ließ los.

Frage

An welchem Projekt oder welcher Beziehung haben Sie so sehr festgehalten, daß Sie nun darüber Ihr Gleichgewicht verlieren?

Frage

Wenn Sie Gottes flüsternde Worte „Laß los“ hören könnten, würden Sie es tun?

Frage

Wenn Sie es täten, was wäre der wahre Preis, den Sie gewinnen könnten?

Er stand über den Dingen

Führungspersönlichkeiten müssen in der Lage sein, sich von Kontroversen, Eifersüchteleien, kleinen persönlichen Attacken und Kränkungen des Egos, ob tatsächlichen oder eingebildeten, nicht berühren zu lassen, um etwas zu erreichen, das Wert und Bestand haben soll.

Einer der Menschen, mit denen ich das Vergnügen hatte zusammenzuarbeiten, ist Geschäftsführer eines Spitals, das sich auf die osteopathische Heilmethode spezialisiert hat. Nach einer Sitzung, in der einige neue Richtlinien für das Spital präsentiert wurden, gab es besorgte Stimmen aus dem mittleren Management über die Unruhe, die diese Neuerungen bei den Traditionalisten erzeugen könnten. Diese Führungskraft hörte sich ihre Ängste ruhig an (zum vierzehnten Mal), wandte sich dann an die Person, die mit der Durchführung der Änderungen betraut war, und sagte einfach: „Gehen Sie vor wie geplant." Diese simple Anordnung verdeutlichte, daß er als Kapitän seine Ziele anvisiert hatte und sich von vereinzelten Gegenargumenten aus der Crew nicht vom Kurs abbringen lassen würde. Er sah alles aus einem erhöhten Blickwinkel.

Wenn ich mir Menschen ansehe, die Machtpositionen wie Kongreßsitze oder die Präsidentschaft selbst innehaben, ist mir immer bewußt, wie viele Attacken, Verleumdungen, Beleidigungen und Widerstände sie erdulden mußten, um dorthin zu gelangen. Einfluß will erkämpft sein.

Jesus stand über den Dingen, indem er seine himmlische Perspektive beibehielt. „Auf der Welt, doch nicht von ihr" zu sein, bedeutet, über den Dingen zu stehen. Er sagte: „Wenn ich in den Himmel auffahre, werden alle Menschen von mir angezogen werden." Und wieder sprach er von der Macht, die eine Betrachtung von oben in sich birgt. Als ich eines Nachmittags heimfuhr, bot sich mir ein faszinierender Anblick. Der Miramar Luftwaffenstützpunkt der Marine veranstaltete seine jährliche Flugschau. Überall auf dem Freeway hatten die Autos angehalten, um die Drehungen, Loopings und Sturzflüge der silbernen Flugzeuge zu beobachten. Da sah ich in einem kahlen Eukalyptusbaum einen Falken sitzen – ebenfalls ein aufmerksamer Zuschauer. Er wirkte so ruhig und gesammelt inmitten dieser ohrenbetäubenden Flugdemonstration.

Irgendwie schien mir der Falke in Gedanken versunken zu sein. Es war, als ob er dächte: „Auch ich habe die Macht zu fliegen – mit gleicher Grazie und Größe. Nachdem der Lärm verklungen ist, werde ich aufsteigen und davonfliegen – noch immer Herrscher über alles, was ich erblicke."

Jesus behielt trotz des Getöses um ihn herum das Vertrauen in seine Flügel und seine Perspektive.

Er stand über den Dingen.

Frage

Welchen „Kampf“ tragen Sie aus, über den Sie „erhaben“ sein könnten, wenn Sie ihn aus einem erhöhten Blickwinkel betrachteten?

Frage

Wer repräsentiert für Sie die laute, scheinbar mächtigere „Konkurrenz“?

Er kam, um segnend zu wirken

Sandra Marleen Harrison ist eine enge Freundin von mir, die mich seit zwanzig Jahren kennt. Da sie mein Leben von der Collegezeit bis zu meinen Jahren als Geschäftsfrau begleitet hat, kennt sie meine unzähligen Ziele, die ich ihr ad nauseam am Telefon aufgelistet habe. Während meine je nach Marktlage ständig wechselten, blieben ihre Ziele immer gleich. Sie sagt, ihr einziges Lebensziel sei, einfach „segnend zu wirken."

Das hat mich ungeheuer frustriert, vor allem, weil damit ihr Teil der Konversation beendet war. Wie entwickelt man einen Marschplan und Gradmesser für dieses Ziel? Glauben Sie mir, es war manchmal wirklich kein Spaß, mit ihr Strategien auszuhecken.

Und doch merke ich mit zunehmendem Alter, daß ihr Ziel mehr und mehr auch das meine wird. „Segnend zu wirken." Ich erinnere mich an eine Nacht, in der mich Zweifel plagten: Ich hatte gerade einen Einjahres-Vertrag mit einem

Kunden abgeschlossen – und mein bis dato höchstes Honorar erhalten. Und obwohl ich dafür sechs Monate recherchiert und gearbeitet hatte, erlebte ich in dem Moment, als mir der Vorstand mitteilte: „Sie haben den Job", zugegebenermaßen eine Schreckenssekunde. Was wäre, wenn ich ihren Erwartungen nicht entsprach – Erwartungen, die ich mit meiner eigenen Präsentation und meinen Versprechen geweckt hatte? Was, wenn das hartverdiente Geld und Vertrauen dieser Leute wegen irgendeines Fehlers oder einer Unterlassung, die mir passieren könnten, den Bach runterginge? In dieser Nacht nahm ich die Gideon-Bibel zur Hand und schlug sie bei einem Vers auf, den ich noch nie zuvor gesehen hatte.

Er war aus dem Buch der Sprüche 3:18 und handelte von der Weisheit. Der Vers lautete: „Ein Lebensbaum ist sie für den, der sie ergreift, und wer an ihr *festhält,* ist beglückt." Da wußte ich, daß es das war, was ich mehr als alles andere wollte: für sie segnend zu wirken, und zwar auf eine Weise, die weit über die Vertragsbedingungen hinausging.

Was Jesu Energie hier auf Erden bewirkte, läßt sich leicht zurückverfolgen: In seiner Gegenwart erblühte alles, heilte oder erwachte zum Leben. (Die einzigen Ausnahmen waren der Feigenbaum, die Pharisäer und Judas, was sich anhört wie der Titel eines Songs.)

Im Alten und Neuen Testament werden in so vielen wundervollen Passagen die verschiedensten Formen von Segnungen beschrieben: Flüsse fließen, wo zuvor nur Wüsten waren; Löwen lassen sich an der Seite von Lämmern nieder; Weizenfelder biegen sich und singen im Wind; jeder Mensch hat seinen eigenen Schatten und Obstbaum ...

Ist es nicht interessant, daß die ersten Worte, die uns bei einem Mißgeschick entfahren, oft Flüche sind? Und daß viele davon den Namen Gottes und Jesu anrufen? Wer hat diese verkehrte Assoziation hergestellt? Wieviele segensreichen Worte kennen wir? Und wie oft benutzen wir sie?

Jesus kam, um zu segnen, nicht zu fluchen. Zu heilen. Um Leben zu spenden, und dies in reichem Maße. Um Krummes gerade zu machen. Um unsere Tränen und Ängste wegzuwischen.

Er kam, um segnend zu wirken.

Frage

Wie können Sie für andere segensreicher sein?

Frage

Wie sehen Segnungen aus?

Frage

Wer hat Ihnen Segen gebracht und wie?

Er war ein Umkehrungsspezialist

In fast jeder Situation, in der Jesus sich befand, war es seine Aufgabe, Dinge umzukehren. Eigentlich war dies seine Spezialität.

„Das Volk hat vergessen, wer ich bin. Bewirke eine Umkehrung."

„Ein kleines Mädchen liegt im Sterben. Bewirke eine Umkehrung."

„Menschen entehren den Tempel. Bewirke eine Umkehrung."

Wenn es Menschen gab, die vor den Trümmern ihres Lebens standen, war es seine Aufgabe, sie mit Freude zu bekränzen. Die Liste der Dinge, zu deren Umkehrung er ausgesandt wurde, läßt sich endlos fortsetzen. Weder genoß er, noch forderte er den Luxus, schwierige Situationen anzugehen, mit den Worten: „Na ja, politisch wäre ich gut beraten, einfach mit dem Strom zu schwimmen ..." Einmal sagte er sogar: „Ich kam nicht, um Frieden zu bringen, sondern um mit dem Schwert zu regieren."

Seine Umkehrungsmethoden waren von Fall zu Fall verschieden. Er bediente sich keines gegebenen Musters. Hätte er das getan, wäre das berühmte Benetze-deine-Augen-mit-Schlamm-aus-dem-Fluß-Heilmittel gegen Blindheit heute ein absoluter Verkaufsschlager. Er kam nicht, um uns feste Muster zu geben. Er kam, um uns ein neues Denkschema zu geben – eines, das auf Umkehrung ausgerichtet ist. Das Wort *bereuen* selbst bedeutet doch umzukehren.

Wir sind alle dazu aufgerufen, Umkehrungsspezialisten zu werden. Wenn wir mit schwierigen Situationen konfrontiert sind, sollten wir frohlocken, denn dafür sind wir ja geschaffen. Meine Freundin Catherine und ich besuchten vor Jahren einmal eine Motivierungsrunde, die Dr. Norman Vincent Peale leitete. Er sagte uns: „Wenn Sie auf der Straße ein Problem auf sich zukommen sehen, begrüßen sie es laut mit den Worten: ‚Hallo Problem! Wo warst du nur so lange? Mein ganzes Leben lang habe ich mich auf dich vorbereitet!'"

Unsere Gesellschaft ist voll von Umkehrungsspezialisten. Eine Krankenschwester in einem Hospiz spendet einer Familie Trost, nimmt sich Zeit, um alle ihre Fragen über den Tod ausführlich zu beantworten, und langsam löst sich die Beklemmung ... Ein Lehrer nimmt sich ganz besonders eines blinden und als „geistig zurückgeblieben" abgeschriebenen Kindes an, das zu einer erwachsenen Frau, Helen Keller, heranwächst, die Millionen von Menschen inspiriert. Ein junges Ehepaar adoptiert ein Pflegekind, und langsam entsteht in dem Jungen ein neues, zum Positiven gekehrtes Bild von wahrer elterlicher Liebe.

Ärzte können einen Krankheitsverlauf umkehren. Künstler nehmen leere Leinwände zur Hand und gestalten sie zu atemberaubenden Gemälden. Unternehmer machen aus einem Gebiet voller aufgelassener Lagerhäuser und Sex-Buchhandlungen einen blühenden, pulsierenden, revitalisierten Stadtkern. Eine Frau schreibt ein Buch über Sklaverei in den Südstaaten, und *Onkel Toms Hütte* entfacht einen Krieg, der Amerika für immer verändert.

Jeder von uns hat das Potential in sich, Dinge umzukehren. Wenn Jesus unser Trainer und Herr ist, dann sollte es sogar unsere Spezialität sein.

Er kehrte Dinge um.

Frage

Bei welcher Situation an Ihrem Arbeitsplatz, in Ihrer Gemeinde oder der Welt allgemein würden Sie gerne eine Umkehrung sehen?

Frage

Wann haben Sie in der Vergangenheit eine Umkehrung bewirkt? Wie haben Sie es getan?

Er wußte, daß er nicht allein war

Jesus fühlte eine Verbundenheit mit der göttlichen Quelle seiner Existenz, einer Quelle, die nicht nur sein Innerstes kannte, sondern auch für ihn sorgte.

Wenn Jesus von Gott als dem Vater sprach, tat er es nicht, um das Bild einer patriarchalischen Machtkette fortzusetzen, sondern um auf den Ursprung, die Gegenwart eines fürsorglichen, intensiven Behütens, einen tiefen Stolz auf die Schöpfung, hinzuweisen. Eine unveränderliche Verbindung. Liebe.

So sehr ich auch anerkenne, daß wir alle die Macht in uns haben, unser Schicksal selbst zu steuern, so wenig kann ich mich der Vorstellung erwehren, daß über uns eine wohlwollende, allwissende und eine zutiefst gütige Gegenwart schwebt ... das personifizierte Gute.

Für mich ist der Gedanke an irgendein riesiges neutrales Höheres Wesen, das mich nur als kleines Irrlicht in einem Meer von Diamanten betrachtet, kein großer Trost.

So sehr ich mich nach Unabhängigkeit sehne und stolz bin, meine Flügel auszubreiten, so sehr möchte ich auch die Gewißheit haben, daß jemand da ist, der jeden meiner Schritte sieht und behütet. Ich möchte einen Gott, der weiß, wie ich mit vollem Namen heiße.

Ich schrieb einst ein Gedicht mit dem Titel „Netz“, das folgendermaßen lautet:

Es gibt da ein Netz unter uns allen.
Wir tanzen manchmal
oder wir fallen.
Und
es gibt da ein Netz unter uns allen.

Das charakterisiert das Lebensgefühl Jesu. Was ihn nämlich antrieb – speziell in seinen schweren Stunden – war das Verlangen, seinem Vater zu gefallen ... ein Verlangen, in diese innige und persönliche Umarmung zurückzukehren.

Meine Mutter sprach mit mir letzte Nacht über das verzweifelte Gebet, das sie zum Himmel schickte, als sie unter großen Belastungen litt. Sie bat den Herrn um eine tiefe Einsicht.

„Weißt du, was er zu mir sagte?“ fragte sie. „‚Laß uns tanzen‘, sagte Er. ‚Laß uns tanzen.‘“

Gott liebt es zu tanzen.

Gott lädt uns ein, den Rhythmus der Bewegung in uns zu spüren, das Wiegen, das Gefühl, mit einer übergeordneten Macht eins zu sein. Wenn Menschen eingehakt Arm in

Arm in einem Kreis stehen, werden sich nur wenige der wiegenden Bewegung entziehen können.

In dem Buch *Das Leben überlebt: Geheimnis der Zellen* stellt Autor Lewis Thomas Spekulationen darüber an, daß in nächster Zukunft eine Kontaktaufnahme mit außerirdischen Wesen versucht werden könnte. Das Dilemma dabei ist: was sollen wir zu ihnen sagen? Wie soll unsere große Begrüßung aussehen? Thomas meint, wir sollten Bach spielen, „auch wenn das Angeberei wäre". Wir erfahren weiters von ihm, daß die ganze Erde stets von einem Summen erfüllt ist ... daß sogar Regenwürmer trommelnde Geräusche machen und Termiten ein Staccato klopfen, für das auch nach Jahren der Beobachtung bis heute keine Erklärung gefunden wurde.

Auch Jesus hörte dieses Summen. Er sagte, daß die Felsen und die Bäume singen können – daß es allezeit so war und immer so sein werde. All dies aus einem einfachen Grund: Wir sind nicht allein.

Kurz nachdem meine Mutter nach Sedona, Arizona, gezogen war, schrieb sie folgendes Gedicht:

MITTERNACHTSSTERNE

von Irene A. Jones

In letzter Zeit habe ich mich gefragt,
wieso Du mich hierhergebracht hast, Herr,
weit weg von meinen Lieben
zu diesem seltsamen, verzauberten Ort
nunmehr allein ... allein.

Noch in Gedanken trat ich hinaus
in die kalte Winternacht,
sah zum Mitternachtshimmel auf
und da ... umstrahlte mich
die Glorie des Herrn!

Ich kenne die Antwort ... denn ich sah
des Himmels
Sterne ... Millionen ... so viele, daß ich nur
in Ehrfurcht davorstehen konnte ...
überwältigt von Sternen ... Planeten ...
Galaxien ... und dann ... eine Sternschnuppe!

Dafür kam ich her ... Schönheit zu schauen,
ungedämpft von den harten Lichtern der Stadt;
und in der Stille der Dämmerung
hörte ich Bruder Coyotes
einsames Lied
an die sternengeküßte Nacht.

Tränen stiegen mir auf, daß ich so
gesegnet sei ...
daß Du meinen Pfad erleuchtest, Herr ...
Deine Engel führen meine Schritte.
Allein? Nein. Du bist bei mir, das weiß ich.

Mein Herz singt ein Solo ... „Stille Nacht,
heilige Nacht, alles ist ruhig, in
strahlender Pracht,
deinen Kindern ein Bad
aus Sternen gemacht...
O heilige Nacht. O heilige, heilige Nacht.“

Jesus wußte, daß er nicht allein war.

Frage

Fühlen Sie, daß eine höhere Macht sich Ihrer persönlich annimmt?

Frage

Wenn Sie Gott einen Spitznamen geben sollten, wie würden Sie Ihn nennen? Finden Sie diesen Gedanken anstößig? Wenn ja, warum?

STÄRKE DER BEZIEHUNGEN

Du sollst den Herrn, deinen Gott, lieben aus deinem ganzen Herzen, deiner ganzen Seele und deinem ganzen Denken. Dies ist das größte und erste Gebot. Das zweite ist ihm gleich: Du sollst deinen Nächsten lieben wie dich selbst. An diesen zwei Geboten hängen das ganze Gesetz und die Propheten.

Matthäus 22:37-39

Er gab ihnen die Vision einer übergeordneten Macht

Jesus trat zu den Fischern hin und sagte: „Kommt, folgt mir nach, und ich werde euch zu Menschenfischern machen!“[64] Sie ließen sogleich ihre Netze fallen und folgten ihm nach. Er traf eine Frau an einem Brunnen und sagte: „Folge mir, und du wirst nie mehr durstig sein“[65]. Sie ließ ihr Gefäß stehen und eilte davon, um alle ihre Freunde zu holen.

Die Geschichte zeigt uns immer wieder, daß Menschen nach einer übergeordneten Macht hungern. Führungspersönlichkeiten, die dies bieten können, werden nie über zuwenig Anhänger klagen. Der *höhere Zweck* ist in Wahrheit ein so essentieller Bestandteil der menschlichen Psyche, daß es an einer Stelle in der Bibel heißt: „Ohne Offenbarung muß das Volk verkommen.“[66]

Untersuchungen haben ergeben, daß Menschen härter und länger an Projekten arbeiten, wenn sie die Bedeutung ihres individuellen Beitrags einschätzen können. Bei der am häufigsten zitierten Studie wurden Arbeiter einer Flugwerft in zwei Gruppen aufgeteilt. Die eine Gruppe tat schlicht und einfach das, was ihr gesagt wurde, die andere Gruppe hingegen wurde zum technischen Labor geführt und konnte mit eigenen Augen sehen, wie die einzelnen Bestandteile, an denen sie arbeiteten, Teile eines großartigen Jets wurden, der höher und schneller als alle anderen Jets fliegen würde. Ohne irgendeinen zusätzlichen Anreiz stieg die Produktivität der zweiten Gruppe sprunghaft an. Sie wußte, wie wichtig ihr Beitrag für den übergeordneten Plan war.

Geschäfte und Unternehmen drucken heutzutage ihr Mission Statement in ihren Werbebroschüren ab, um die Öffentlichkeit darüber zu informieren, warum sie existieren. Auf dem Flugzettel einer Juwelierin stand zu lesen: „Meine Mission ist es, wundervolle Schmuckstücke zu kreieren, die die Seele in Schönheit erstrahlen lassen." Für sie ist ihre Arbeit Berufung, nicht Beruf.

Jeder hat schon von den übermenschlichen Kräften gehört oder gelesen, zu denen ein Mensch fähig ist, wenn er plötzlich einen Lastwagen einfach hochheben muß, um den darunter begrabenen Freund zu befreien oder wenn er sich in die Flammen stürzen muß, um ein Kind zu retten. Diese Ereignisse mögen außergewöhnlich und dramatisch erscheinen, sie demonstrieren jedoch eine wichtige Tatsache. Wenn von uns etwas gefordert wird, das über den individuellen Überlebenstrieb hinausgeht, werden spezielle Energiereserven freigesetzt. Eine Führungskraft kann diese Energiequelle für sich erschließen, wenn sie ihren Mitarbeitern die langfristige Bedeutung ihrer Tätigkeit vermittelt.

Jesus hat seinen Mitarbeitern die Bedeutung ihrer Tätigkeit immer wieder klar und deutlich vor Augen geführt. Lange und oft sprach er über die Berufung, und sie konnten die langfristigen Erfolge ihrer gemeinsamen Arbeit fühlen und sehen. Sie kehrten das Leben von Menschen zum Guten. Sie arbeiteten für etwas, das jenseits ihrer selbst lag.

Führungspersönlichkeiten der Vergangenheit, ob human oder inhuman, sind in der Lage gewesen, sich dieses spezielle menschliche Bedürfnis zunutze zu machen. Die Geschichte kennt viele Fälle, in denen Menschen ihr Leben für eine Sache hingaben, die in ihren Augen edel und heilig war. Der Grund dafür liegt vielleicht darin, daß wir tief in unserem Inneren wissen, daß wir nicht aus gewöhnlichem Staub, sondern aus Sternenstaub gemacht sind, und daß wir bereit sind, unsere Besitztümer auf der Erde für einen Platz im Himmel, von dem wir kommen, aufzugeben.

Frage

Was würden Ihre Angestellten antworten, wenn man sie fragte: „Worin besteht ihr Job?“ Und noch wichtiger: „Warum ist ihr Job bedeutsam?“

Frage

Vermitteln Sie Ihren Mitarbeitern klar und deutlich den höheren Zweck ihrer Tätigkeiten?

Er blickte sie an

Aufmerksamkeit ist eine der Schlüsseleigenschaften einer Führungspersönlichkeit, und nirgendwo ist sie so wirksam, als wenn man sie – oder wenn man sie im Namen von jemandem – einem Menschen zuteil werden läßt.

Wird eine wahrhaft charismatische Führungspersönlichkeit jemandem vorgestellt, wird sie diese Person *anblicken*. „Und Jesus blickte den Mann an, und war von Liebe zu ihm erfüllt."[67] Der Moment der Vorstellung wird als heiliger Moment betrachtet. Direkter Augenkontakt wird hergestellt und gehalten, und die Führungspersönlichkeit versammelt ihre ganze Konzentration auf diesen Menschen, so daß sie/er sich als die wichtigste Person im Raum fühlt. Es ist kein Zufall, daß solche Führungspersönlichkeiten oft ein sehr gutes Namengedächtnis haben. Sie richten all ihre Aufmerksamkeit in jenem Augenblick auf die betreffende Person.

Jemanden anzublicken heißt *an* eine Person mit voller Konzentration zu denken und sie in diesem Moment mit dem *Blick* zu umfangen. Die Omega-Führungskraft blickt ihre Leute täglich an. Vom wissenschaftlichen Standpunkt aus gesehen, präsentieren wir uns alle jeden Tag als neue Schöpfung. Viele unserer Zellen erneuern sich täglich. Daher muß nicht unbedingt alles, was zuerst dasselbe zu sein scheint, wirklich dasselbe *sein*.

Ein weiterer Grund, warum die Omega-Führungskraft jede Person anblickt, hat seine Ursache in einem von Gottes Lieblingsspielen, nämlich der *Verkleidung*. Segnungen tarnen sich als Probleme, Könige und Königinnen erscheinen in Lumpen, und schon viele haben, „ohne es zu wissen, Engel beherbergt“[68].

Zur Veranschaulichung, wie sehr es beeinflußt, in welchem Licht man von anderen betrachtet wird, denken Sie nur an den obligaten Besuch zu Hause. Ich habe beobachtet, wie hartgesottene Profis angesichts einer einzigen mißbilligenden Geste von Vater oder Mutter sich plötzlich wieder wie Achtjährige benehmen. Menschen, die ganzen Unternehmen Respekt abverlangen, können plötzlich auf ein kleines Häuflein Elend reduziert werden. Oft sehen uns unsere Eltern nicht als die Erwachsenen, die wir heute sind, sondern als die Kinder, die wir einst waren. Diese Sehweise kann uns im Verhalten buchstäblich um Jahre zurückwerfen.

Menschen reagieren auf bewußte Blicke. Es bedarf keiner Worte, sie können fühlen, wie man sie einschätzt. Zu oft sehen wir Personen nur im Zusammenhang mit unseren Bedürfnissen oder unterschwelligen Plänen.

Die Worte, die vor unserem Namen stehen – unsere Titel – legen unsere Grenzen fest. Daher weigern sich viele, irgend etwas zu tun, was über ihre Tätigkeitsbeschreibung hinausgeht. Eine Sekretärin, zum Beispiel, wird wahrscheinlich immer wie eine Sekretärin handeln; ein stellvertretender Vizepräsident hingegen wird möglicherweise die gleichen Aufgaben durchführen, aber mehr Risiken eingehen und nach höheren Zielen streben. Wie wir andere sehen oder „titulieren“ steckt oft schon im voraus ihre einengenden Grenzen oder unbegrenzten Möglichkeiten ab.

Menschen scharten sich um Jesus, weil er sie nicht als schwarz oder weiß, arm oder reich, männlich oder weiblich sah. Er sah sie als Brüder und Schwestern – als Blutsverwandte. Ausgestattet mit gleichen Rechten und Pflichten.[69]

Er blickte sie an.

Frage

Sehen Sie Ihre Mitarbeiter jeden Tag als neue Schöpfung, oder sehen Sie sie entsprechend ihren Tätigkeitsbeschreibungen?

Frage

Wieviel Zeit verbringen Sie täglich damit, Ihre Angestellten konzentriert und aufmerksam *anzublicken?*

Frage

Welche versteckten Qualitäten, die nur darauf warten, entdeckt zu werden, hat jeder Ihrer Angestellten?

Er sagte: „Ja“

Einer der beeindruckendsten Menschen, die ich kenne, ist eine Frau namens Lawreve Widmar. Sie wuchs auf einer Farm in Mexiko auf und ist Mutter von dreizehn Kindern. Sie hat strahlend blaue Augen und ein Lächeln wie der Sonnenschein.

Lawreve hat mich viel Grundsätzliches über bedingungslose Liebe gelehrt. Nach dem Tod ihres ersten Mannes heiratete sie Siegfried. Anfangs kam sie mit seinem aufreibenden Zeitplan als internationaler Designer nur schwer zurecht. Er kam nach Hause und bat sie: „Kannst du in zwei Stunden mit mir nach Mexico City kommen?“ Schließlich beschloß sie, zu allem, um was er sie bat, egal was oder wann, ja zu sagen.

Sie zog ihre dreizehn Kinder stets in dem Bestreben groß, Siegfried nicht bei der Arbeit zu stören oder abzulenken. „Er war eine so sensible Künstlerseele, daß ich es nicht ertragen konnte, ihn verärgert zu sehen“, sagte sie. Wenn Siegfried also irgendeinen Wunsch hatte, sagte sie ja. Heute ist sie Vizepräsidentin eines Unternehmens, und Siegfried sagt bereitwillig ja, wenn sie ihn bittet, sie auf eine kurzfristig eingeschobene Geschäftsreise zu begleiten.

Jesus sagte ja: „Ja, ich werde zu deiner Party kommen. Ja, ich werde dir zeigen, wo mein Haus ist. Ja, ich werde deine Schwiegermutter treffen. Ja, ich werde deine Tochter heilen. Ja, ich werde tun, worum du mich bittest."

Ein Grund, warum ich die Geschäftswelt einem geistlichen oder sozialen Amt vorgezogen habe, waren die vielen „Jas", die sich im Leben eines Predigers oder Sozialarbeiters ansammeln. Die Wirtschaft schien mir etwas mehr „Neins" zu bieten. „Nein, ich kann mich jetzt nicht mit dir treffen, ich habe einen Termin." Meine Freunde scherzten immer, ich würde wohl ein Taxi schicken, um sie vom Spital abholen zu lassen, wenn ich irgendeine Vorstandssitzung oder ähnliches vorschieben könnte. Heute, da ich Lawreves Geschichte kenne, sage ich viel öfter ja.

Erst letzte Nacht zum Beispiel lud mich meine Nachbarin zu sich ein. Ich hatte es mir gerade vor dem Fernseher gemütlich gemacht, mein Lieblingsprogramm lief und meine Bücher lagen, für die Werbepausen griffbereit, verstreut um mich herum, als das Telephon läutete. Es war Betty, meine 84jährige Nachbarin. „Laurie, könntest du deinen Kater herüberbringen? Meine Enkelin möchte ihn so gerne sehen." Ich wußte, daß Betty drei Jahre inständig dafür gebetet hatte, daß ihre Enkelin sie besuchen würde. Ich zuckte zusammen. Es war nach zehn Uhr abends, und zum ersten Mal seit zwei Wochen hatte ich mir einen entspannenden Abend zu Hause gönnen wollen. Vielleicht ein anderes Mal, dachte ich bei mir. Sicher hatte ihre Enkelin schon vorher einmal eine Katze zu Gesicht bekommen. Dann sah ich Lawreve im Hintergrund lächeln und ja sagen. Ich atmete tief durch. „Komm schon, Tomás“, sagte ich zu meinem Kater. „Wir müssen eine ganz besondere Person besuchen.“ Ist es das, was Liebe bedeutet? Deinen Nachbar so zu lieben wie dich selbst? „Ja“, konnte ich mein Herz lachen hören. Ja, ja, ja.

Jesus sagte ja.

Frage

Versuchen Sie einmal experimentierhalber, vierundzwanzig Stunden lang zu allen Wünschen anderer ja zu sagen.

Frage

Wann haben Sie je einem Wunsch nachgegeben und waren hinterher froh darüber?

Frage

Üben Sie, öfter freudig, vertrauensvoll und glücklich ja zu sagen. (Die Welt hat so viele Neins gehört, daß sie wohl für ein Weilchen ausreichen werden.)

Er war Menschen und ihren Ideen gegenüber offen

Eine der eindrucksvollsten Szenen des Films *Lawrence von Arabien* ist der zehntägige Todesmarsch von Lawrences Armee durch die Wüste. Durch den Wasserentzug mehr tot als lebendig schleppten sich die Soldaten langsam dahin, bis sie plötzlich eine Oase erspähten und zum Wasser stürzten. Als Lawrence seine Mannschaft zählte, bemerkte er, daß einer der Kameljungen fehlte. Das Kamel des Jungen wurde reiterlos am hinteren Ende des Lagers gefunden. Lawrence sagte sofort zu einigen seiner Männer: „Wir müssen zurückgehen und ihn finden." Die Männer aber weigerten sich, die gnadenlose Sandhölle noch einmal zu durchqueren. „Meister", wandten sie ein, „es ist Allahs Wille, daß der Junge nicht mit uns zurückgekehrt ist. Sein Schicksal wurde von Gott geschrieben. Wir dürfen uns nicht einmischen."

Verärgert bestieg Lawrence ein Kamel und ritt zurück in die Dünen. Die Männer standen da und schüttelten ihre Köpfe. „Jetzt haben wir auch ihn verloren", sagten sie und kehrten zu ihrem Rastplatz zurück. Zwei Tage später zeichnete sich am Horizont eine flimmernde Silhouette ab. „Es ist Lawrence! Er hat den Jungen gefunden!" riefen die Soldaten, während sie ihm entgegenliefen, um ihm zu helfen. Lawrence beugte sich hinunter und reichte ihnen den bewußtlosen Jungen. Er sah sie direkt an und sagte mit heiserem Flüstern: „Denkt daran: Nichts ‚ist geschrieben', bevor ihr es nicht schreibt." Nichts ist geschrieben, bevor Sie oder ich es schreiben.

Wieso sollte jemand mit der Autorität und Macht Gottes herumgehen und fragen: „Was kann ich für dich tun?" Einigen religiösen Lehrmeinungen zufolge hätte Jesus, wäre er wirklich Gottes Sohn gewesen, nicht gefragt, was man sich von ihm wünscht – er hätte die Anweisungen gegeben.

Jesus tat das jedoch nicht. Er fragte seine Mitarbeiter ständig, was sie dachten und wandte sich auch an die Leute vor ihm: „Was wollt ihr?"

Er ermutigte Menschen, um Dinge zu bitten und konkrete Wünsche zu äußern. „Bittet, und es wird euch gegeben werden. Klopfet an, und es wird euch aufgetan werden."[70] „Oder wer ist unter euch, der seinem Sohn, wenn er um Brot ihn bittet, einen Stein gäbe? Oder, wenn er um einen Fisch bittet, ihm eine Schlange gäbe?[71] Die Hauptaussage der Bibel ist doch die Idee eines liebenden Gottes, der die Kinder von seinem Bestreben, ihnen Gutes zu bringen, überzeugen will.

Im Garten Eden brachte Gott, der Schöpfer, die Tiere zu Adam und Eva und sagte: „Wie immer ihr sie benennt, so lautet ihr Name."[72] Jesus sagte: „Vater, ich danke dir, daß du mich erhört hast. Ich wußte ja, daß du mich allezeit erhörst.“[73] Es scheint sogar eine göttliche Sehnsucht nach einer gemeinsamen kreativen Verbindung zwischen Gott und der Menschheit zu bestehen. Gott zeigt Interesse für unsere Ideen und setzt seine Hoffnungen darauf.

Und wenn Gott unseren Ideen gegenüber offen ist, sollte eine Omega-Führungskraft dann nicht auch ihren Leuten und deren Ideen gegenüber offen sein?

Gemeinsames Schaffen und Zusammengehörigkeit sind die Pfeiler unseres Lebens. Wer könnte diese Ideale besser demonstrieren als eine Führungspersönlichkeit, die zuhört und aufgeschlossen ist?

Tom Peters, Autor, Dozent und Berater, verrät, daß 75 Prozent der neuesten und innovativsten Erfindungen auf das Konto von Außenstehenden gehen. Die Geburtsstätte von Apple Computers war zum Beispiel die Garage eines großen Jungen – eines Jungen, der seine Bosse verlassen hatte, da sie ihm nicht zuhören wollten.

Jesus war Menschen und ihren Ideen gegenüber offen.

Frage

Wann haben Sie das letzte Mal einer Idee eines Mitarbeiters Gehör geschenkt?

Frage

Wann haben Sie das letzte Mal die Idee eines Mitarbeiters in die Praxis umgesetzt?

Frage

Glauben Sie, daß all die guten Ideen immer nur von Ihnen kommen müssen?

Er verlieh den Frauen Macht

Leider sind Frauen in Führungs- bzw. Managementpositionen in Organisationen weltweit unterrepräsentiert. Besonders offenkundig ist dieser Mißstand in Kirchen und anderen Unternehmen, die in großem Maße von ihrem finanziellen, spirituellen und körperlichen Einsatz abhängig sind. Zu viele Organisationen sind noch immer nicht in der Lage, die Energien und Talente von Frauen anzuerkennen, zu würdigen oder sich zunutze zu machen. Einige verbieten Frauen noch immer, Führungspositionen einzunehmen, oder sie entmutigen sie bewußt.

Jesus fühlte offensichtlich anders. Der erste Mensch, dem er nach seinem Tod erschien, war eine Frau, deren Mission es war, hinauszugehen und die Männer, die weit größere Zweifel hegten, zu überzeugen.[74] Ein Mann war so skeptisch, daß er seine Finger in die Wunden Jesu legen mußte, bevor *er* glauben konnte.[75] Die junge Maria war die erste, der Gott seinen wunderbaren Plan enthüllte, und sie behielt ihn für sich, bis die rechte Zeit gekommen war. Gott wies

Frauen also am Beginn und am Ende des Evangeliums führende Rollen zu: Maria half im wahrsten Sinne des Wortes dabei, die Botschaft zu empfangen und zu überbringen. Reiche Frauen unterstützten Jesus und seine Mitarbeiter während ihrer Mission mit ihrem Vermögen.[76] Maria Magdalena und Martha[77] waren die ersten, die das Wunder der Auferstehung erkannten.[78] Obwohl Jesus nach seiner Auferstehung stundenlang neben zwei seiner Jünger auf dem Weg nach Emmaus einherging, erkannten sie ihn nicht.[79] Maria hingegen erkannte ihn nahezu im ersten Moment.

Einige Männer äußerten mir gegenüber, daß sie Frauen mehr fördern würden, wenn mehr von ihnen hervorträten. Tja, das tun wir. Frauen besitzen oder führen 55 Prozent aller neu gegründeten Unternehmen. Wir haben in letzter Konsequenz die Kontrolle über das Vermögen der Männer, weil wir sie überleben. Die Ideen und Methoden von Frauen lösen in Ländern, Firmen, Kirchen und den Berufen, in denen wir präsent und verstärkt führend tätig sind, Revolutionen aus.

Denken Sie doch zum Beispiel an das Gesundheitssystem. Waren Frauen früher nur auf die Pflegeberufe festgelegt, steigen sie nun vermehrt in die Reihen der Ärzte auf. Zur Zeit sind etwa 40 Prozent aller Medizinstudenten in den USA weiblich. In einer vor kurzem durchgeführten Umfrage nach dem wichtigsten Attribut eines praktischen Arztes wurde als Nummer eins genannt, daß er eine Frau sein soll. Eine örtliche Gesundheitsbehörde gab an, daß die meisten weiblichen Ärzte in San Diego Wartelisten haben.

Männer, die die weibliche Energie nicht anerkennen und nützen wollen, müssen ihre Arroganz oft bitter bezahlen. Pontius Pilatus' Frau, zum Beispiel, versuchte ihren Mann zu warnen, doch seine Hände von dem Prozeß gegen Jesus zu lassen. „Ich habe von ihm geträumt"[80], sagte sie. Pilatus ignorierte sie und unterschrieb das Todesurteil Jesu – sein eigener, wenig beneidenswerter Platz in der Geschichte war ihm damit sicher.

Die Ehefrau von Senator Paul Danforth warnte ihren Mann davor, die Anschuldigungen von Anita Hill gegen Clarence Thomas auf die leichte Schulter zu nehmen. Senator Danforth, genauso wie die anderen Männer, versuchte ihre Einwände als unbedeutend vom Tisch zu wischen. Das darauffolgende Fiasko ist hauptsächlich auf das Grundübel zurückzuführen, daß Männer die Anliegen von Frauen nicht ernst nehmen.

Eine Komikerin stellte sogar die Theorie auf, daß die Israeliten nur deshalb vierzig Jahre durch die Wüste wandern mußten, weil Moses Miriam die Landkarte nicht gab.

Jesus sagte sowohl zu Männern als auch Frauen: „Das Reich Gottes ist in eurer Mitte."[81] Jeder, der darum bat, erhielt das gleiche Maß an Macht und Autorität. Er sagte, daß es im Himmel weder weiblich noch männlich gäbe, und er sei gekommen, um die Dinge „wie im Himmel, so auch auf Erden" einzurichten.[82] In der Fernsehserie *Raumschiff Enterprise – Das nächste Jahrhundert* wagte sich Captain Picard niemals ohne seine intuitive weibliche Beraterin, Troi, auf neues Territorium. Oft wurde sie allein vorgeschickt, um die Situation abzuklären.

Also, Männer, macht Platz für die Frauen. Setzt sie ein, und Ihr werdet die Klügeren sein. Frauen, wir müssen unsere Macht beanspruchen und behaupten. Denn, seien wir ehrlich, wie weit können die Männer ohne uns wirklich kommen? Bloß bis zur nächsten Generation.

Jesus verlieh den Frauen Macht.

Frage

Zu welchem Prozentsatz sind die *Führungspositionen* in Ihrer Organisation, Firma oder Kirche mit Frauen besetzt?

Frage

Wie sieht dieses Verhältnis umgelegt auf die gesamte Mitgliederschaft aus? Mit anderen Worten, wie viele Frauen *arbeiten oder versehen ihren Dienst* in Ihrer Organisation, Firma oder Kirche?

Frage

Wenn der Prozentsatz ein Mißverhältnis offenbart, was sind Sie bereit, dagegen zu tun, und warum?

Er war für sie transparent

Der Heiligen Schrift zufolge, erschien Jesus zwischen den Geistern von Elias und Moses auf dem Berg der Verklärung. Im Vers heißt es: „Und Jesu Gestalt verklärte sich (oder wurde transparent).“[83]

Diese Szene ist nicht nur als magisches himmlisches Schauspiel zu deuten; sie erläutert auch ein wichtiges Prinzip. Jesus war transparent, weil er nichts zu verbergen hatte. Er hatte keine Geheimpläne und auch keine geheimen Taschen.

Die Verschleierung einer Situation hat immer einen Anflug von: „Ich bin dir überlegen.“ Obwohl man möglicherweise nur jemanden schützen möchte, wirkt es letzten Endes gönnerhaft. Es ist diese Haltung, die in weiterer Folge Haß- und Rachegefühle entstehen läßt. Während der Iran-Contra-Affäre konzentrierte sich die Staatsanwaltschaft nicht so sehr auf das, was geschehen war, sondern auf die Tatsache, daß die Täter diesbezüglich gelogen hatten. „Wer seine Sünden still verheimlicht, hat kein Glück; jedoch wer sie bekennt und aufgibt, findet Gnade.“[84]

Als Führungskraft sollten Sie sich nicht im Elfenbeinturm einschließen, da es Ihrer Meinung nach Dinge gibt, mit denen Ihre Mitarbeiter nicht umgehen können ... nicht nur beruflicher, sondern auch persönlicher Natur. Barbara Bush sprach offen über ihre Falten, und die Öffentlichkeit liebte sie dafür. Wir alle haben Falten, die wir mit Perlen zu verdecken versuchen. Persönliche Details preiszugeben macht uns erst zu einem Teil der Gruppe. Je mehr uns andere als gleichwertig empfinden, desto mehr werden sie uns mögen.

Viel ist schon darüber gesagt worden, was für eine große Rolle die Nachahmung bei der ersten Kontaktknüpfung zwischen Unbekannten spielt. Indem Menschen ähnliche Gesten und Ausdrücke annehmen, beginnen sie sich schon mit dem anderen zu identifizieren – unabhängig von differierenden Anschauungen oder Philosophien. Gruppendruck ist auf Nachahmung begründet. Wir suchen alle nach Zeichen, daß wir nicht allein sind ... daß wir, in der Tat, eigentlich wie andere sind.

Das Phantom der Oper ist ein klassisches Beispiel für die *falsche* Art, andere zu motivieren. Aus Sehnsucht nach Liebe unterdrückt das Phantom gewaltsam seine wahren Talente, setzt sich eine Maske auf und lebt in der Unterwelt, von wo aus es versucht, durch Tricks, laute Orgelmusik, Rauch und andere negative Spezialeffekte Leute zu motivieren. Was das Phantom damit erreicht, ist, daß man es fürchtet und jagt. Erst als ihm die Maske vom Gesicht gerissen wird, empfängt es von der schönen Christine einen ehrlichen, aufrichtigen Kuß.

Handeln Sie wie das Phantom, verstecken Sie sich hinter Masken und geschlossenen Türen und flüstern Sie in raucherfüllten Räumen? Oder ist Ihr Führungsstil transparenter? Die Menschen können die Wahrheit vertragen. Wahrscheinlich ahnen sie sie sogar schon. Wenn Sie ganz offen mit ihnen sind, ist der Grundstein zu wahrer Liebe und Erkenntnis bereits gelegt.

Jesus verbarg weder seine Tränen noch seine Ängste. Er war für seine Leute transparent.

Frage

Welche Tatsache oder Situation versuchen Sie vor Ihren Mitarbeitern zu verbergen?

Frage

Was hindert Sie konkret daran, einen transparenten Führungsstil zu praktizieren?

Er glaubte an sie

Jesus sah den aufrichtigen jungen Mann an und sagte: „Einige sagen, daß dein Name Simon ist. Aber ich sage dir: Du bist Petrus, und auf diesen Felsen will ich meine Kirche bauen.“[85] Simon bedeutete „der Schuppige“, während Petrus „der Fels“ hieß. Gewiß muß Jesus irgend etwas Besonderes in Petrus gesehen haben, denn sein Steckbrief wies ihn als einen ziemlich impulsiven Typen aus – kaum die Person, die man als das Fundament all seiner Handlungen bezeichnen würde.

Petrus bot solch Glanzleistungen, wie zu versuchen, Jesus davon abzuhalten, nach Jerusalem zu gehen, weil er Angst hatte; das Ohr des römischen Wachsoldaten mit einem Schwert abzutrennen, nachdem Jesus drei Jahre lang nichts als Liebe und Vergebung gepredigt hatte; und schließlich bei Jesu Gefangennahme zu leugnen, ihn überhaupt zu kennen. Jesus wußte all dies genau, und trotzdem nannte er ihn „meinen Felsen“.

Jesus mußte an seine Mitarbeiter glauben, sonst hätte er keine einzige Nacht ruhig schlafen können. Sie kamen nicht gerade aus dem besten Milieu und hatten die meiste Zeit über nicht die blasseste Ahnung, wovon er sprach. Ständig lagen sie sich darüber in den Haaren, wer im Königreich welchen Platz einnehmen würde, und sie nickten ein und vergaßen ihn, wenn er sie am meisten brauchte. Trotzdem hatte er sie dazu ausersehen, mit ihm zu arbeiten, und er sah in jedem nur das Beste, auch wenn es genug Beweise für das Gegenteil gab. Er schmiedete für sie eine Gußform aus Größe und Stärke, und mit der Zeit fügten sie sich in sie ein.

Vielleicht war es dieses innere Wissen, das es Jesus erlaubte, seinen Mitarbeitern Autorität zu verleihen. Freigebig teilte er seine Sehnsüchte, seinen Kummer und seine Ängste mit ihnen. Wenn er nicht an sie geglaubt hätte, würde er sie nicht Brüder und Schwestern genannt haben. Er hätte sie nicht mit zu sich nach Hause genommen.

Menschen scheinen über sich hinauszuwachsen, wenn sie jemanden haben, der wirklich an sie glaubt. Möglicherweise brauchen wir nur jemanden, der uns unser wahres Ich zeigt. Vielleicht ist es das, wonach wir alle so verzweifelt suchen – einen Menschen, der das Gute erkennt, das wir in uns spüren, aber nur so ungern offenlegen wollen.

Später predigte Petrus auch den von jeher gemiedenen Heiden die frohe Botschaft von einem liebenden Gott, bei dem jeder Aufnahme findet.[86] Kein anderer Prediger oder Prophet war je zuvor mit einer so guten Nachricht zu den „unreinen“ Heiden gesandt worden. Petrus wurde für sein umstrittenes Wirken gekreuzigt. Es heißt, daß er als Ehrerbietung für Jesus mit dem Kopf nach unten gekreuzigt werden wollte. Diese Bitte kam von einem Mann, den alle außer Jesus „der Schuppige“ nannten.

Wenn jemand, den wir bewundern, an uns glaubt, kann uns das dabei helfen, über uns hinauszuwachsen. Bei Petrus hat es auf jeden Fall funktioniert.

Jesus glaubte an seine Mitarbeiter.

Frage

Schreiben Sie auf, welche neuen Erkenntnisse Sie nun über die Menschen gewonnen haben, die Sie zuvor, wie Petrus, möglicherweise als „schuppig“ abgeschrieben hätten?

Frage

Wie können Sie Ihren Mitarbeitern zeigen, daß Sie an sie glauben?

Er führte ihnen die mit ihrer Arbeit verbundenen Vorteile klar vor Augen

Einer meiner Freunde, ein Finanzplaner, prägte folgenden Ausspruch: „Jesus hat seinen Mitarbeitern einen verdammt guten Pensionsplan geboten." Tatsächlich zeigte Jesus seinen Mitarbeitern ständig Wege, wie sie ihren wahren Reichtum erkennen und vergrößern konnten. Er sagte auch: „Ich bin gekommen, damit sie Leben haben und es in *Fülle* haben."[87] Jesu Definition von Reichtum mag mit unserer nicht identisch sein, aber er führte seinen Leuten klar vor Augen, welchen Lohn sie von ihm zu erwarten hatten.

Menschen sind viel eher bereit, etwas aufzugeben, wenn sie dafür etwas für sie Wertvolleres erlangen können. Der Mann, der alles verkaufte, um die „kostbare Perle" zu erwerben, *bekam* auch die „kostbare Perle".[88] Führungskräfte, die denken, man wird ihnen ohne Grund folgen, nur weil man laut Vertrag dazu verpflichtet ist oder Angst hat, es nicht zu tun, haben ein Schlüsselelement der menschlichen Psyche nicht verstanden. Menschen werden nur dann das Gewohnte aufgeben, wenn sie den Grund dafür vollständig erfassen und ihnen etwas Besseres in Aussicht gestellt wird. Der Trick dabei ist, den Unterschied zwischen gut und besser zu verstehen und zu vermitteln.

Oftmals erwarten Führungskräfte und Manager von ihren Angestellten, daß sie für sie durchs Feuer gehen, geben aber keine nähere Auskunft über Zweck oder Lohn für dieses Wagnis. Dann wundern sie sich, warum sich niemand rührt. Einer meiner Lieblingscartoons von Gary Larson zeigt einen Dompteur, der einen brennenden Reifen vor eine Schildkröte hält und sagt: „Spring, Mortimer, spring!" Das ist ein deutliches Beispiel für ineffiziente und sinnlose Kommunikation.

Ein anderer Larson-Cartoon zeigt einen Mann, der seinem Hund Ginger alle möglichen Befehle zuruft. Unter dem Cartoon steht, was der Hund hört: „Bla bla bla ... Ginger ... bla bla bla ... Ginger." Kurz gesagt: von allem, was sein Herrchen ihm zuruft, versteht der Hund nur seinen Namen. Dies ist auch eine gute Metapher für die menschliche Natur. Mit den Worten von Harry Pickens, einem Leiter von Marketingseminaren: „Die Leute haben ständig nur ein Programm eingeschaltet: WIFMD. Und diese Buchstaben stehen für ‚Was Ist Für Mich Drin?'"

Jesus führte ihnen die mit ihrer Arbeit verbundenen Vorteile klar vor Augen.

Frage

Definieren Sie für Ihre Angestellten die Vorteile, die mit ihrer Arbeit verbunden sind.

Frage

Welche Vorteile gehen über das rein Finanzielle hinaus?

Frage

Listen Sie drei Dinge auf, die Sie pro Monat machen könnten, um das Leben Ihrer Angestellten „erfüllter“ zu gestalten.

Er verzieh ihnen

Vergebung ist wie Öl für eine Maschine. Sie hält die Räder in Schwung. Vergebung ist wie die Schwerkraft ... unsichtbar ist ihre Macht, tiefgreifend aber sind ihre Auswirkungen. Jesus ist das ultimative Symbol für Vergebung. Er hörte nicht auf, an seine Mitarbeiter zu glauben. Er gab ihnen immer wieder neue Chancen.

Alles in Jesus schien zu sagen: „Versuche es, versuche es noch einmal." Er gab Menschen immer wieder eine neue Chance. Tom Peters ist der Meinung, Unternehmen sollten Fehlschläge sogar belohnen, denn Fehlschläge bedeuten Risiko; und ohne Risiko gibt es keinen Erfolg. Wenn Ihre Angestellten Angst davor haben, Fehler zu machen, werden sie auch immer Angst haben, Neues zu wagen.

Ich besuchte einmal eine Selbsterfahrungsgruppe, deren Mitglieder offen über ihre Gefühle sprachen. Ein Mann, der sehr steif und ruhig dasaß, war in seiner Firma für eine Beförderung vorgeschlagen worden. Seine Körpersprache war eine einzige Zurschaustellung von Vorsicht und Furcht. Schließlich gab ihm eine Frau folgenden guten Rat: „Sie müssen einfach ein paar Mal versagen. Dann werden Sie erkennen, daß Sie geliebt werden, sogar dann, wenn Sie nicht perfekt sind."

Eine verzeihende Haltung bringt uns vorwärts. Diese Erfahrung machte ich vor kurzem, als meine Geschäftspartnerin über meinen Kopf hinweg eine Entscheidung in der Firma traf. Ich war verärgert, da sieben andere Leute direkt davon betroffen waren. Meine erste Reaktion war Zorn. Ich attackierte ihr Vorgehen, und sie ging sofort in die Defensive. Da wir mitten in einer Klientenbesprechung waren, mußten wir unbedingt als Team auftreten, also nahmen wir uns beide ein wenig zurück und gingen das Problem jeweils aus der Sicht des anderen an: „Was hast du dir dabei gedacht, als du diese Entscheidung getroffen hast?" fragte ich sie, da ich wußte, daß sie von Herzen nur das Beste für alle wollte. Sie erklärte es mir und fragte dann, warum ich so zornig gewesen sei. Ich erläuterte ihr meine Beweggründe. Beide verwendeten wir Wort für Wort dieselben Rechtfertigungen. Für zukünftige Fälle entwarfen wir dann anschließend einen für uns beide optimalen Aktionsplan. Innerhalb weniger Minuten schafften wir es, aus der Diskussion wieder als Team hervorzugehen. (Wie sich später herausstellte, hatte sie den richtigen Instinkt gehabt.)

Vergebung heißt aber nicht, als Fußabstreifer zu dienen oder seinen Umgang und sein Verhalten anderen gegenüber nicht genau abzuwägen. Vergebung bedeutet, anderen Fehler zu gestatten, während beide Teile davon profitieren und einen Schritt nach vorne machen.

Petrus, jener Mann, der Jesus immerwährende Treue geschworen hatte, verleugnete ihn dreimal in der Öffentlichkeit.[89] Es muß für Jesus schwierig gewesen sein, zu vergeben, und doch erschien er Petrus und vergab ihm. Dann bat er ihn, nun seine Liebe zu zeigen, indem er „seine Schafe weidet"[90].

Manchmal ist es so wie bei Petrus: Je tiefer man fällt, desto mehr wird man geliebt.

Jesus verzieh ihnen.

Frage

Welche Situationen mußten Sie in letzter Zeit verzeihen?

Frage

Wer hat Ihnen in denkwürdiger Weise verziehen?

Frage

Wie denken Sie nun über sie?

Er behandelte sie als ihm ebenbürtig

Die alten Hebräer zögerten sogar, den Namen des Herrn auch nur auszusprechen.[91] Im Alten Testament wurde einmal ein Soldat von Gottes Hand niedergestreckt, weil er die Bundeslade in unreinem Zustand berührt hatte (und kein Levite war).[92]

Nach altem levitischen Recht durfte niemand mit körperlichen Behinderungen den Tempel betreten.[93] Das Alte Testament zeichnete das Bild eines sehr gestrengen Gottes. In jedem einzelnen der Bücher war zu lesen, daß Gott so rein war, daß er das Böse nicht einmal ansehen, geschweige denn tolerieren konnte. Das gesamte Religionssystem basierte auf der Lehre der Reinheit, die man erlangen mußte, um vor Gott treten zu dürfen (und um zu vermeiden, vom Blitz getroffen zu werden).

Als Jesus auf der Szene erschien, galten die meisten Menschen noch immer als unrein – einige auf Grund ihrer Taten, andere auf Grund ihrer Rasse (zum Beispiel die Heiden). Frauen waren zumindest einmal im Monat unrein.[94] Jeder, der Schweinefleisch aß, war unrein. Mit anderen Worten, nur ein paar Auserwählte waren rein genug, um sich Gott auch nur nähern zu dürfen. Allein Moses konnte direkt mit ihm reden,[95] und selbst er mußte sein Antlitz verhüllen.

Jesus erklärte, von Gott abzustammen, gab sich aber mit Prostituierten, Dieben und Steuereintreibern ab. Man kann sich vorstellen, wie dies die Priesterschaft in Aufruhr brachte. Nicht nur Gottes Identität, sondern auch ihre Identität (und damit die Basis ihrer Macht) war bedroht.

Jesus, der Gott hier auf Erden vertrat, behandelte jeden als ihm ebenbürtig. Er versetzte Berge, erweckte Tote zum Leben, heilte Kranke, ließ Lahme wieder gehen und Blinde sehen. Und doch nannte er Fischer und Prostituierte seine Brüder und Schwestern. Er akzeptierte diese „alles andere als reinen" Personen nicht bloß, er strahlte dabei auch so viel Liebe aus, daß die Menschen ihn umschwärmten. In seiner Gegenwart fühlten sie sich bestätigt.

Während meiner drei Jahre als Mitarbeiterin eines Frauenzentrums konnte ich zwei völlig kontrastierende Führungsstile beobachten. Catherine, die das Zentrum gegründet hatte, vertrat den Omega-Führungsstil. Sie brachte Sekretärinnen und freiwilligen Mitarbeitern dieselbe Wärme und Achtung entgegen wie Mitgliedern des Vorstands. Wenn sie etwas getippt haben wollte, fragte sie die Sekretärin rundheraus, ob sie gerade Zeit dafür hätte. Dann zeigte sie sich ehrlich dankbar für die vollendete Arbeit. „Das ist ja ein Kunstwerk", pflegte sie zu sagen, und die Sekretärin verließ selig lächelnd ihr Büro. Catherine wußte die Namen von allen Familienmitgliedern ihrer Angestellten, und wenn sie morgens zur Tür hereinkam, nahm sie sich die Zeit, sich nach jedem von ihnen zu erkundigen.

Die Führungskraft, die ihr nachfolgte, praktizierte einen anderen Managementstil. Sie schloß stets sofort die Tür hinter sich und kommunizierte nur per Memos. Sie kannte weder die Familien ihrer Mitarbeiter, noch fragte sie je danach. Befehle wurden prinzipiell im Feldwebelton erteilt, als ob alles nach ihrer Pfeife zu tanzen hätte. In der Mittagspause wollte niemand mit ihr zusammen sein. Wenn zusätzliche Projekte hereinkamen, mußte sie extra jemanden zu Überstunden abkommandieren. Wegen ihrer herablassenden Art wollte niemand freiwillig in ihrer Nähe sein. Die Produktivität erlitt daraufhin einen empfindlichen Einbruch, da die Mitarbeiter gewohnt waren, ebenbürtig behandelt zu werden.

Jesus zeigte seinen Respekt, indem er zu den Leuten ging, um sie zu treffen, und sie so akzeptierte, wie sie waren. Diese Akzeptanz bewirkte, daß sie bessere Menschen sein, sich mehr bemühen, und stets das Gute und Richtige tun wollten. Sein Respekt bestärkte sie.

Er behandelte sie ebenbürtig.

Frage

Basiert Ihr Managementstil auf Ebenbürtigkeit oder hierarchischen Strukturen?

Frage

Fühlen sich Menschen in Ihrer Gegenwart bestätigt?

Er war erzieherisch tätig

Ein Satz faßt das Hauptaugenmerk von Jesu Zeit hier auf Erden zusammen: „Jesus durchwanderte das Land und lehrte, heilte und predigte."[96] Da Lehren die Bildung des Geistes und Predigen die Bildung des Herzens ist, waren zwei Drittel der Arbeit Jesu erzieherischer Natur.

Wenn Sie sich die einzelnen Heilungen vor Augen halten, so sprach er in neun von zehn Mal von einer Änderung der Einstellung oder einem neuen Verhaltensmuster, das mit dem körperlichen Wohlbefinden einhergehen sollte. „Geh hin und sündige fortan nicht mehr!"[97] Ich bin davon überzeugt, daß die erzieherische Tätigkeit Jesu absolute Priorität war.

Jemand erzählte mir neulich, daß von allen Berufen Professoren im Schnitt die höchste Lebenserwartung haben. Eine mögliche Erklärung dafür ist, daß sie ihren Geist ständig trainieren und mehr als andere auch lange nach ihrer Pensionierung geistige Herausforderungen suchen und ganz darin aufgehen.

Trotzdem sparen die meisten Unternehmen in Krisenzeiten zuerst bei Ausbildungsprogrammen. Es ist jedes Mal dasselbe. Wir investieren in Zinn und Metall, bevor wir in den menschlichen Geist investieren. In den USA wird für die Verteidigung weit mehr Geld als für das Bildungswesen ausgegeben, und die Lehrer gehören zu den Berufsgruppen mit den niedrigsten Einkommen. Wie es ein ehemaliger Vizepräsident so treffend formulierte: „Keinen Geist zu haben ist etwas Schreckliches."

In dem wunderbaren Buch *Wie man seine Träume verwirklicht: Die Macht des positiven Denkens* stellen die Autoren John Roger und Peter McWilliams fest, daß der Mensch für den Erfolg gemacht, aber für den Mißerfolg programmiert ist. Es war die Mission Jesu, uns die Krone zu bringen, und er wußte, daß wir einen neuen Geist und ein neues Herz brauchen würden, um sie empfangen zu können.

Er war erzieherisch tätig.

Frage

Wieviel Zeit ist Ihnen die Bildung der Angestellten wert?

Frage

Welche Ausbildungsprogramme werden in Ihrem Unternehmen angeboten?

Frage

Welche neuen Erkenntnisse eignen *Sie* sich gerade an?

Er managte von innen nach außen

Ist Ihnen schon einmal aufgefallen, daß das Gras in unmittelbarer Nähe eines Rasensprinklers oft braun ist? Ich nenne dies das *Management-Sprinklerphänomen.* Es wird so viel Energie und Drive für die äußeren Rasenflächen verbraucht, daß das Gras, welches der Quelle am nächsten ist, trocken bleibt.

Oft übersehen wir die Menschen, denen wir am nächsten stehen, obwohl unsere Absichten die besten sind. Vielfach sind Rezeptionisten großer Unternehmen nicht darüber informiert, wenn im Gebäude gerade eine größere Veranstaltung stattfindet. Kinder von Predigern sind dafür bekannt, keine gute Hand bei der Führung von Menschen zu haben.

Ich hielt vor kurzem eine Reihe von Seminaren an einem Krankenhaus, das sich auf die osteopathische Heilmethode spezialisiert hat, und mußte feststellen, daß 75 Prozent der Angestellten den Begriff *osteopathisch* nicht erklären konnten. Dieses Spital hatte nahezu 500.000 Dollar für Fernsehspots und Zeitungsanzeigen ausgegeben, die die Öffentlichkeit aufklären sollten, und die Köche, die Sekretäre, die Putzbrigade und die Mitarbeiter in der Aufnahme wußten immer noch nicht, was *osteopathisch* eigentlich bedeutet. Die Krankenhausverwaltung engagierte mich, um dieses Problem aus der Welt zu schaffen.

Nach einem meiner Seminare wandte sich ein Sicherheitsbeamter an mich, der schon fünfzehn Jahre für das Krankenhaus gearbeitet hatte und versicherte mir, wie begeistert er sei, endlich zu verstehen, worum es hier eigentlich gehe. Er sagte: „So oft wurde ich gefragt, was *osteopathisch* eigentlich bedeutet, und ich mußte immer antworten, daß ich keine Ahnung habe. Jetzt weiß ich es. Kann ich noch ein paar von diesen Flugblättern haben? Ich möchte sie meinen Freunden zeigen."

Vielleicht denken Sie jetzt: Okay, jetzt weiß der Sicherheitsbeamte mehr über die Mission des Spitals. Na und? Wird das unterm Strich irgend etwas ändern? Sehr viel. Jeder von uns herrscht über sein eigenes Imperium ... auch wenn es sich möglicherweise um eines handelt, dem wir keine Aufmerksamkeit schenken. In dem Maß, in dem die Kommunikation zwischen den „Völkern" dieser Reiche klappt, wird der Einfluß und Ruf Ihrer Firma steigen.

Jesus erkannte die Wichtigkeit der Theorie, wonach Bildung und Information stets an erster Stelle zu kommen haben. Er praktizierte den Managementstil der „Wellen", der auf dem Prinzip der kleinen Ursache beruht, die immer größere Kreise zieht. Ein gutes Public-Relations-Konzept wird sowohl interne als auch externe PR beinhalten. Wenn ich zwischen den beiden wählen müßte, würde ich die interne PR als meine Top-Priorität sehen.

Als Werbe- und Marketingberaterin mehrerer Ärzte und Spitäler erinnere ich die Ärzte immer wieder daran, daß jede Praxis mit ihren Angestellten steht oder fällt. Vor kurzem erst wurden in einer Studie die sieben häufigsten Gründe für einen Arztwechsel genannt. Nummer eins waren naturgemäß Antipathie und fehlendes Vertrauen in den Arzt. Nummer zwei waren Antipathie und fehlendes Vertrauen in die Angestellten des Arztes. (Nummer fünf waren uralte Zeitschriften im Wartezimmer, und Nummer sieben war Streit über das Honorar.) Diese Untersuchung zeigt, daß Patienten imstande sind, auf der Stelle kehrtzumachen und die Praxis auf Nimmerwiedersehen zu verlassen, wenn sie die Sprechstundenhilfe nicht leiden können – und der Arzt selbst erfährt nie etwas davon. Der Welleneffekt ist mir so wichtig, daß ich einen Arzt, der seine Mitarbeiter nicht in den Planungsprozeß miteinbezieht, als Kunden ablehne.

Ein Omega-Arzt nimmt sich auch die Zeit, seine Mitarbeiter auf die unangenehmen Seiten, die ihre Tätigkeit möglicherweise mit sich bringt, hinzuweisen und vorzubereiten. Diese Schulung bewirkt, daß sie ihren Kunden, den Patienten, mehr Sympathie und Verständnis entgegenbringen.

Jesus sah die große Menschenmenge vor ihm und sagte: „Woher werden wir Brote kaufen, damit diese zu essen haben?“[98] Phillipus' praktischer Vorschlag war, sie nach Hause zu schicken, damit sie sich selber um ihre Mahlzeit kümmern. Aber Jesus war besorgt, da er wußte, sie würden unterwegs zusammenbrechen. Dann bat er Phillippus, ihm zu helfen, ihren Hunger zu stillen. Er lehrte Phillipus, Mitgefühl für die Menschen zu zeigen, so wie er es tat.

Es war ihm wichtig, daß seine Mitarbeiter immer wußten, was gerade vor sich ging. Er sorgte dafür, daß das Gras in seiner unmittelbaren Nähe frisch und saftig blieb.

Jesus managte von innen nach außen.

Frage

Übersehen Sie manchmal die Menschen, die Ihnen am nächsten sind? Wenn ja, was können Sie dagegen unternehmen?

Frage

Mit Hilfe welchen Systems informieren Sie Ihre Mitarbeiter laufend über Fakten, Emotionen und Sinn, die mit einer bestimmten Situation verbunden sind?

Er gab ihnen Verantwortlichkeit

Verantwortlichkeit ist ein Schlüsselfaktor im Management, da sie Qualifizierung und Persönlichkeitsentwicklung erst möglich macht. Wenn niemand für ein Projekt verantwortlich ist, kann niemand daran wachsen.

Verantwortlichkeit hat nichts mit Schuldzuweisung zu tun. Sie ist aber ein Garant für Wachstum, sowohl auf persönlicher wie auch auf geschäftlicher Ebene. Bewältigte Aufgaben steigern das Selbstvertrauen. Selbstvertrauen steigert den Erfolg. Und Erfolg steigert die Erfolgsrate um ein weiteres. Die Reichen werden reicher, die Armen ärmer.

Eine junge Ärztin erzählte mir, daß die meisten ihrer Patienten schockiert reagieren, wenn sie sie nach Erstellung ihrer Diagnose ins Büro bittet und ihnen mitteilt: „Dies sind die Befunde. Das sind ihre Entscheidungsmöglichkeiten. Was wollen sie tun?“ Sie sagt, daß die Patienten sogar dann noch von ihr erwarten, daß sie ihnen die Entscheidung abnimmt. Sanft, aber bestimmt, erklärt sie in solchen Fällen, daß jeder Mensch über seine Gesundheit und sein Leben selbst entscheiden muß.

Wem Verantwortung übertragen wurde, der hat die Möglichkeit, seinen Namen auf einem Denkmal des Erfolges zu verewigen, so klein es auch sein mag. In klar definierter und meßbarer Form wird ein weiterer Impuls zur persönlichen Entwicklung geboten. Jemanden als ebenbürtig zu behandeln, heißt ihm Verantwortung zu geben.

Wenn ein Unternehmen sich auf seine Fahnen schreibt, daß Verantwortung etwas Ehrenvolles darstellt und nicht als Belastung zu verstehen ist – eine Grundsatzentscheidung, die nur an der Spitze getroffen werden kann –, so werden sie die Menschen mit Freude und Stolz annehmen.

Jesus sagte: „Alles, was ihr binden werdet auf Erden, wird gebunden sein im Himmel, und alles, was ihr lösen werdet auf Erden, wird gelöst werden im Himmel.“[99]

Jesus gab ihnen Verantwortlichkeit.

Frage

Retten Sie die anderen ständig, oder geben Sie ihnen Verantwortlichkeit?

Frage

Wie können Sie beides tun?

Er verbrachte viel Zeit mit ihnen

Wir Menschen haben ein großes Bedürfnis nach Freundschaft. Jesus wußte darum und konnte diese Sehnsucht stillen. Auch bei seinem Abschied waren seine Worte nicht: „Okay, vergeßt nicht Punkt eins, zwei und drei." oder: „Petrus, richte deinen Blick auf den Horizont, wenn du über das Wasser gehst." Er sagte zu ihnen: „Weint nicht. Seht, ich bin *mit euch* alle Tage bis zum Ende der Welt."[100]

Freundschaft ist ein wertvolles und teures Gut, weil sie nur erworben werden kann, wenn man dafür etwas einsetzt, das heute so rar zu sein scheint: Zeit. Georgia O'Keefe schrieb in einem Brief an einen Freund: „Um eine Blume zu betrachten, braucht man Zeit, und ebenso braucht man Zeit, um eine Freundschaft zu pflegen.

Catherine, heute eine meiner besten Freundinnen, war mein Boß, als wir uns kennenlernten. Sie war mir während meiner ganzen Karriere eine große Stütze, und dafür werde ich ihr ewig dankbar sein, aber was ich an unserer Freundschaft am meisten schätze, sind unsere „sinnlosen Konversationen“. Einmal beschrieb sie mir lang und breit und in allen Details ein Kleid, das sie in New York gesehen hatte und die Farbe meiner Augen vorteilhaft zur Geltung bringen würde. Ich amüsierte mich eines Morgens köstlich über die Geschichte, wie sie zu spät zur Arbeit kam, weil die Hühner ihres Sohnes Brian in der Garage ausgebrütet hatten. Sie konnte das Auto erst starten, bis sie alle 36 Küken eingefangen hatte. An einem gemütlichen Samstag rief sie mich an und beschrieb mir, wie ihr Mann Edgar immer seine Lippen schürzt und die Katze mit: „Komm her, Monstie, komm her“ anzulocken versucht und Monstie ihn trotzdem immer beißt. Wir haben uns kaputtgelacht. Sinnlose Konversationen, wie ich sagte.

Obwohl ich mir schon lange jedes Buch aus ihrer umfangreichen Bibliothek ausborgen kann, blättere ich am liebsten im Buch meiner Erinnerungen ... Erinnerungen an unsere langen Spaziergänge am Rio Grande oder an die tiefsinnigen Gespräche über unsere Zukunftspläne am Pool bei einer Cola. Das Mission Statement unserer Freundschaft, wie sie es ausdrückt, ist, „einander zu lieben, zu unterstützen und herauszufordern, um unsere Träume ausleben zu können.“

Ich rief sie an, als ich nicht wußte, wen ich sonst anrufen hätte können. Sie rief mich nach wichtigen Vorstandssitzungen an, nur um zu fragen, wie es mir so gehe. Tatsächlich hat Catherine in den letzten vierzehn oder fünfzehn Jahren Tausende Stunden in mich investiert. Daher würde ich jetzt, viele Jahre, nachdem ich für sie gearbeitet habe, alles in meiner Macht Stehende tun, um ihre Welt schöner zu gestalten. Sie war eine Führungskraft, die mir viel Zeit schenkte.

Während des Golfkriegs verbrachte General Norman Schwarzkopf viel Zeit mit der Presse. Auch mit seinen Truppen verbrachte er viel Zeit. Nach solchen Führungspersönlichkeiten hungert die Welt. Nicht nach der typisch „königlichen“ Zurschaustellung von Macht, die sich hauptsächlich im huldvollen Winken vom Balkon äußert.

Jesus verbrachte viel Zeit mit seinen Mitarbeitern.

Manchmal frage ich mich, ob sie nicht auch wegen der Picknicks und seines warmen Lachens so sehr an ihm hingen. Denn schlußendlich setzten sie Himmel und Erde in Bewegung, nur um wieder *bei ihm* zu sein. In seinem letzten überlieferten Memo auf Erden (Johannes 17) bat Jesus fünf Mal darum, mit ihnen wieder „eins“ zu sein. Dieses Thema des Einswerdens offenbarte sich kurz vor seinem Tod, da Freundschaft möglicherweise seine wahre Mission war.

Die Omega-Führungskraft nimmt sich Zeit für ihre Mitarbeiter: Zeit für Picknicks, für von langer Hand geplante Ausflüge, lange Spaziergänge am Fluß. Zeit, um sie im Spital zu besuchen, zu Begräbnissen, Hochzeiten, Geburtstagen zu kommen, und für alle unbedeutenden Tage dazwischen. Zu diesen Anlässen, an diesen Plätzen, und auf diese Weise erkennen Menschen, was Liebe ist. Und wenn sie wissen, daß sie geliebt werden, folgen sie ihrem Anführer überallhin.

Jesus verbrachte viel Zeit mit seinen Mitarbeitern.

Frage

Wieviel Zeit verbringen Sie intensiv mit Ihren Leuten?

Frage

Laufen diese Begegnungen nach einem fixen Schema ab?

Frage

Erkundigen Sie sich bei Ihren Mitarbeitern auch manchmal, wie es ihnen *wirklich* geht, oder rufen Sie sie nur, wenn Sie etwas wollen?

Er berührte die zerbrechlichen Dinge

Willy, eine talentierte Künstlerin, Töpferin und gute Freundin von mir, hatte vor kurzem ihre erste Kunstausstellung. Zur Vernissage waren Freunde und Familienmitglieder geladen. Willys fünf Jahre altes Patenkind Megan wurde vorsichtig durch die Galerie geführt. Ihre Mutter zeigte ihr jedes Stück und ermahnte sie, nichts Zerbrechliches anzufassen. Am Ende des Tages fragte Willy Megan: „Was gefällt dir am besten von allen Dingen, die du hier siehst?“ Megan beugte sich vor und flüsterte: „Ich möchte die zerbrechlichen Stücke berühren.“

In derselben Nacht erhielt ich einen Anruf von meiner Mutter. „Honey, Großmutter ist heute nacht gestorben.“ Wir waren alle darauf gefaßt gewesen. Sie war einundneunzig Jahre alt. Aber erst am Tag zuvor hatte sie noch über meine Grammatik genörgelt und die Krankenschwestern geneckt: „Es ist schon schwer, sich in dieser Umgebung wie eine Prinzessin zu benehmen.“ Und ich saß an ihrem Bett mit Tränen in den Augen und dachte: „Das Leben ist so vergänglich. *Ich* möchte die zerbrechlichen Dinge berühren.“

Wir alle möchten „die zerbrechlichen Dinge" berühren, aber nur wenige nehmen sich Zeit dafür. Oftmals erkennen wir sie nicht, auch wenn sie geradewegs vor uns stehen.

Jesus nahm sich Zeit, die zerbrechlichen Dinge zu berühren. Er nahm sich Zeit, um die sich zart im Feld wiegenden Lilien zu beachten. Er nahm sich Zeit, um einen kleinen Spatz zu beachten, der aus seinem Nest gefallen war. Er nahm sich Zeit, um die feinen grauen Haare auf dem Kopf eines alten Mannes zu bemerken. Er nahm sich Zeit, um die Hände eines kleinen Mädchens zu halten und mit einer trauernden Familie zu weinen.

Das Streben nach zerbrechlichen Dingen bestimmt in der Regel unser Leben, aber oft verlieren wir deren wahre Bedeutung aus den Augen und geben uns bei dem Prozeß, sie oder einen Ersatz dafür an uns zu bringen, zunehmend selbst auf.

Das Museum für Zeitgenössische Kunst in La Jolla stellte vor kurzem Werke eines Künstlers aus, der Arbeiter in den Diamantminen Südafrikas photographiert hat. Ich empfand es als bittere Ironie, daß sich der Juwelier neben dem Museum diese einmalige Marketingchance nicht entgehen ließ und mit großem Trara *seine* glitzernden Juwelen zu Sonderangeboten anpries. Im Mittelpunkt der Ausstellung stand einer jener Minenarbeiter. Auf einem Photo sieht man ihn mit einem lilafarbenen Tuch um seine glänzende Stirn gebunden, man erkennt Schweißperlen, die an seinen unter der Last der allzu schweren Felsbrocken zitternden Beinen herablaufen. In Großaufnahme sieht man einen aufgeschürften Knöchel, um den sich in der fieberhaften Eile, in der das diamanthaltige Erz aus der Mine geschafft werden soll, niemand kümmert. Der Künstler zeigte uns die wahren „zerbrechlichen“ Dinge. Und es waren nicht die Dinge, die unsere Finger zieren könnten.

Jesus warnte uns vor einer Generation, die immer nur nach den Anzeichen Ausschau hält, aber die wirklichen Ereignisse verpaßt. Er erzählte uns von einem wunderbaren Ort und einer Zeit, wo all unsere Tränen getrocknet würden. Wo der Löwe sich friedlich neben dem Lamm niederlassen würde. Wo jeder die zerbrechlichen Dinge kennen und schätzen würde. Aber die unerbittlichen Maschinen der Menschheit walzten weiter und weiter ... die Machtmaschinen, die Hungermaschinen, die Immer-schön-an-die-Regeln-halten-Maschinen, die Kommen-wir-auf-den-Punkt-Maschinen. Der Status quo.

Jede rechtschaffene Führungskraft wird vor diesen Maschinen und den sie nährenden Gedanken Respekt haben. Aber sie muß sich auch stets daran erinnern, die zerbrechlichen Dinge zu suchen und zu berühren. Wir können nicht nur von Brot leben.

Jesus berührte die zerbrechlichen Dinge.

Frage

Nennen Sie einige der „zerbrechlichen Dinge“ in Ihrem Leben.

Frage

Beschreiben Sie einige der „zerbrechlichen Dinge“ im Leben Ihrer Angestellten. Woran hängt deren Herz besonders?

Frage

Wie helfen Sie ihnen dabei, ihre „zerbrechlichen Dinge“ zu erlangen, zu halten und zu nähren?

Er setzte ihnen ein Beispiel

Ein bekannter Spruch besagt, daß Kinder durch das, was sie sehen, lernen, und nicht durch das, was sie hören. Handbücher für Geschäftspolitik und Verhaltensmaßregeln haben sicher ihren Sinn und Zweck, aber sie schaffen noch keine Unternehmenskultur. Es sind ihre Handlungen, durch die Führungskräfte ein Beispiel setzen.

Als Jesus sein Obergewand ablegte und damit die Füße seiner Mitarbeiter wusch, waren sie schockiert und protestierten, daß sie doch seine Füße waschen sollten, und nicht umgekehrt. Er sagte: „Ich tat dies, um euch ein Beispiel zu geben."[101] Kein Wort hätte die gleiche Kraft haben können wie der Anblick dieser so demütigen Geste.

Eines Abends war ich mit ein paar Freunden in einem Restaurant, als ein Vater mit seinen zwei Söhnen zur Tür hereinkam. Der Vater war ein gutaussehender Mann mit Schnurrbart und perfekt sitzendem Anzug. Er schien an irgend etwas angestrengt zu denken, denn seine Stirn war in Falten gezogen und seine Hände steckten tief in seinen Taschen, während er mit starr nach vorne gerichtetem Blick einherschritt. Seine Söhne, ungefähr sechs und acht Jahre alt, folgten zwei Schritte hinter ihm. Dunkelhaarig wie ihr Vater, hatten auch sie ihre Hände tief in ihren Taschen vergraben und stapften mit wild entschlossenem Blick dahin. Ihr Gesichtsausdruck, ihr Gang, ihr Gehabe und ihr Zielbewußtsein waren das exakte Spiegelbild ihres Vaters. Leider war er zu sehr in sich versunken, um ihre unbewußte Imitation zu bemerken. Für die Gäste im Restaurant war es allerdings nicht zu übersehen, sie drehten sich nach ihnen um und lächelten.

Wenn eine Führungskraft zu spät kommt, selbst aber Pünktlichkeit verlangt, wird sich diese Diskrepanz in den Köpfen der Mitarbeiter festsetzen und sich auf verschiedene Weise in ihrem Verhalten manifestieren. Die Unternehmenskultur wird an der Spitze von ein oder zwei Schlüsselpersonen geprägt. Ein wenig rote Farbe, die in eine Kartoffel injiziert wird, hat bald jede einzelne Ader durchsetzt. Ihre Taten und Verhaltensmuster werden wie Farbe in die Psyche Ihrer Mitarbeiter eingeimpft. Ich hoffe, Sie mögen rote Kartoffeln, denn bald werden Sie Ihre Taten aufgetischt bekommen.

Jesus setzte seinen Mitarbeitern ein Beispiel.

Frage

Wären Sie bereit, sich einen Tag lang filmen zu lassen und das Band dann als Trainingsvideo zur Verfügung zu stellen?

Frage

Welche Art von Training „an Beispielen“ gibt es für Ihre Mitarbeiter im Moment?

Er betete für sie

Im Alten Testament waren die Leviten jener Stamm, aus deren Reihen die Priester für die Israeliten berufen wurden, und sie trugen als Markenzeichen speziell angefertigte Gewänder.[102] Ihr Brustschild, oder *Ephod,* war mit Edelsteinen geschmückt, auf denen die Namen der zwölf Stämme eingraviert waren. So kann man sagen, daß die levitischen Priester die Stämme Israels buchstäblich Tag und Nacht an ihrem Herzen trugen. An einer anderen Stelle des Alten Testaments wird Gottes Liebe als so groß beschrieben, daß er den Namen jedes Menschen auf seine Hände gezeichnet habe.[103]

Das Gottesbild Jesu war das eines liebenden und so fürsorglichen Gottes, daß er die Größe jedes seiner Kinder auf den Zentimeter genau wußte, und sogar, wieviele Haare sie auf ihren Köpfen hatten.[104] Beten heißt nicht nur, um himmlische Fürsprache zu bitten, sondern auch Menschen, die uns nahestehen, in unsere Meditation und unsere Andacht immerwährend mit einzuschließen.

Ich kenne eine sehr erfolgreiche Managerin, die für jeden ihrer Kunden eine Kerze anzündet, obwohl sie keine Katholikin ist. Sie sagt, daß sie das Ritual und das sichtbare Andenken an die Kunden liebt. In diesem Zustand der Meditation und des Gebets kommen ihr oft wunderbare Ideen, die sie für sie nutzen kann.

Stellen Sie sich vor, wie das Management unserer Welt aussehen würde, wenn Geschäftsführer genauso viel Zeit damit verbrächten, über die Entwicklung ihrer Mitarbeiter nachzudenken und für sie zu beten, wie sie in ihre Budgetberichte investieren. Führungskräfte und Manager verschwenden oft zu viel Energie bei dem Versuch, Zahlen tanzen zu lassen. Jeder kann Ihnen sagen, daß Zahlen nicht tanzen. Das können nur Menschen.

Jesus betete für Menschen.

Frage

Wie oft denken Sie über einen Ihrer Mitarbeiter in andächtiger, meditativer Weise nach?

Frage

Was haben Gebete Entscheidendes in der Entwicklung Ihrer Geschäftsangelegenheiten bewirkt, speziell in bezug auf die Bedürfnisse und Anliegen Ihrer Mitarbeiter?

Er sprach ihnen in der Öffentlichkeit und unter vier Augen seine Anerkennung aus

„Warum arbeiten Sie?" Diese Frage stellte vor kurzem der amerikanische Einzelhandelsverband Angestellten und bat sie, die Hauptgründe in der Reihenfolge ihrer Wichtigkeit aufzulisten. Grund Nummer eins war „Anerkennung anderer für das, was ich tue." Auf Platz zwei folgte „Respekt". Grund Nummer drei war „Geld". Diese Resultate mögen für manche überraschend sein. Und doch ist den meisten von uns klar, daß man heute nicht mehr jeden Job annehmen und dafür dankbar sein muß. Geld ist nicht mehr die Hauptantriebsfeder für unsere Arbeit. Was wir wirklich suchen, sind Anerkennung und Respekt.

Jesus war voll des Lobes für seine Mitarbeiter und hatte immer ein ermutigendes „Gut gemacht" parat. In vielen seiner Geschichten sprach er von Meistern, die ihre treuen Untergebenen lobten. Gott selbst öffnete den Himmel und pries Jesus zweimal in der Öffentlichkeit. Am Fluß, indem er sagte „Du bist mein geliebter Sohn, an dir habe ich Gefallen gefunden"[105], und auf dem Berg, als er sagte „Dies ist mein auserwählter Sohn, auf ihn sollt ihr hören."[106] (Sogar Gott wußte, wie wichtig öffentliche Anerkennung ist, um gute Leute zu motivieren und bei der Stange zu halten.)

Das Bedürfnis nach gebührender Wertschätzung unserer Handlungen läßt niemals nach. Auf dem Golfplatz kann man viele gutgekleidete Männer mittleren Alters und älter beobachten, die all ihre Kraft in den Schlag legen. Dann sehen sie sich um, ob irgendwer bemerkt hat, wie weit der Ball geflogen ist. Ob bei Arbeit oder Spiel, egal wie alt wir sind, wir brauchen die Anerkennung anderer.

Einer Freundin von mir wurde einmal ein schwieriges Projekt zugeteilt, das sie in sehr kurzer Zeit bewältigen mußte. Trotz guter Bezahlung hätte sie aus Frustration heraus einmal beinahe gekündigt. „Bill sagt mir nie, ob ich es gut mache oder nicht! Ich wünschte, er würde mir etwas Feedback geben!" Eines Tages sprach sie über ihre bitteren Gefühle mit Bills Geschäftspartner, der ihr erklärte: „Susan, du wirst nie irgendein positives Feedback von Bill bekommen. Er war in der High-School und im College ein hervorragender Athlet, wurde schon sehr früh zum Multimillionär und hat trotzdem nie ein positives oder anerkennendes Wort von seinem Vater gehört. Leider hat er das auf seine Arbeit übertragen. Du mußt einfach auf deine Selbsteinschätzung vertrauen, um zu wissen, ob du es gut gemacht hast oder nicht." Diese Erklärung half ihr, Bills Verhalten etwas besser zu verstehen, dennoch konnte sie in ihrer Arbeit keine Befriedigung finden, da ein wichtiges Element fehlte.

Susan lernte, sich von ihren Freunden Feedback zu holen. Auf einer Dinnerparty zeigte sie eines Abends voller Stolz jede perfekt gelungene Seite ihres Projekts ihren Freunden, die sie dafür mit Lob und Anerkennung wahrhaft überschütteten. Bill erkannte bald, welchen Fehler er mit seinem unkommunikativen Verhalten gemacht hatte. Nach der Party bekam Susan von einem der Gäste, der von ihrer Arbeit begeistert war, ein lukrativeres Angebot für ein ähnliches Projekt.

Jeder von uns braucht positives Feedback. Wenn Sie miterleben wollen, wie jemand vor Ihren Augen plötzlich um einige Zentimeter wächst, brauchen Sie ihn oder sie nur in aller Öffentlichkeit zu loben.

Bei einem dreistündigen Zwischenstopp in Chicago betrat ich einmal ein kleines Pub in der Nähe des Flughafens. Draußen hatte es Minustemperaturen, und im Pub war es so kalt, daß die Klavierspielerin Handschuhe trug. Ich setzte mich neben sie und war von ihrem wunderbaren Spiel hingerissen. Niemals zuvor hatte ich solch herrliche Klaviermusik gehört, schon gar nicht von einer Pianistin in Handschuhen. Ich fragte sie, ob sie mir einige der Songs auf eine Kassette aufnehmen könnte. Ich wollte sie einer Freundin schenken, die Musik liebt. Nach unserer Unterhaltung schien sie noch stolzer und aufrechter am Klavier zu sitzen und spielte voller Inbrunst. Bevor ich das Lokal verließ, gab ich ihr meine Visitenkarte und einen kleineren Vorschuß auf die Kassette. Dann ließ ich den Besitzer des Pubs kommen und sagte zu ihm: „Ich habe Dorothy gebeten, mir eine Kassette mit all den Songs, die sie spielt, aufzunehmen. Wenn Kopien hier erhältlich wären, würden Sie sie promoten? Ich glaube, daß Ihre Stammgäste sehr gerne einen Teil der besonderen Atmosphäre dieses Pubs mit nach Hause nehmen würden. Dorothy ist wirklich eine der besten Pianistinnen, die ich jemals gehört habe.“ Der Besitzer versicherte mir sofort begeistert, daß er dabei helfen werde, Dorothys Kassette nach ihrer Fertigstellung zu promoten. Dorothy war eine Endfünfzigerin, und einer der Stammkunden erzählte mir, daß ihr Mann Krebs im Endstadium habe. Sie spielte abends Klavier, um zur Bezahlung seiner Arztrechnungen beizutragen.

Vier Wochen später erhielt ich die bestellte Kassette mit zwei Stunden jener Musik, die mir so gefallen hatte, zusammen mit einer Nachricht von Dorothy. Sie sagte mir, wie viel ihr meine Anerkennung für ihr Talent bedeutet habe. Sechs Wochen später bekam ich eine Einladung und eine Ankündigung. Sie gab ihr erstes öffentliches Konzert ... gegen Bezahlung, in einem Konzertsaal. Wahrscheinlich hätte sie die nächste Hürde ohnedies genommen, aber ich frage mich noch immer, ob nicht meine fünf Minuten des Lobes ihr den letzten Anstoß dazu gaben, ihre Begabung richtig einzuschätzen und zu entfalten.

In den achtziger Jahren erlangte die Kaufhauskette Nordstrom einige Berühmtheit aufgrund ihrer Methoden der Anerkennung von Mitarbeitern. Die Tochter eines Freundes von mir, die dort beschäftigt war, gewann die Auszeichnung zur besten Verkäuferin ihrer Abteilung. Eines Tages versammelte sich während der Arbeitszeit das gesamte Nordstrom-Managementteam um sie, und einer nach dem anderen sprach ihr seine Wertschätzung für die Art und Weise aus, wie sie die Firma den Kunden gegenüber vertrat. Dann drückten sie ihr einfach eine druckfrische 100-Dollar-Banknote in die Hand. Das alles spielte sich am hellichten Tag vor allen Kollegen und Kunden ab. Sie liebte ihren Job, und einer der Gründe lag darin, daß ihre Vorgesetzten sie mit mehr als nur Geld bezahlten.

Jesus sprach den Mitarbeitern seines Teams in der Öffentlichkeit und unter vier Augen seine Anerkennung aus.

Frage

Beschreiben Sie das letzte Mal, als Sie einen Ihrer Mitarbeiter öffentlich lobten.

Frage

Wenn öffentlich ausgesprochene Worte des Lobes die einzige Entlohnung Ihrer Mitarbeiter wären, wieviel würden sie dann verdienen?

Frage

Fallen Ihnen konkrete Anzeichen der Anerkennung ein, die Sie Ihren Mitarbeitern geben könnten?

Er kümmerte sich um die kleinen Leute

„Zachäus, steig schnell von dem Baum herab. Heute abend werde ich in deinem Haus zu Abend essen.“[107] Durch diesen Wunsch wuchs Zachäus' Ansehen und Format in der Öffentlichkeit beträchtlich. Denn er war von so kleiner Statur, daß er auf einen Baum klettern mußte, um Jesus sehen zu können.

Jesus erkannte die Unsicherheiten der Menschen und beeilte sich, ihnen Mut zu machen. „Simon“, sagte er, „sie nennen dich ‚Die Schuppe‘, aber ich nenne dich ‚Der Fels‘.“ Bei einer anderen Gelegenheit sagte er: „Maria Magdalena, sie sagen, dir gebührt der Tod, ich aber sage dir, dir gebührt das Leben.“ Und wieder ein andermal: „Weist die Kinder nicht zurück. Sie sollten im Mittelpunkt stehen. Denn wahrlich ist es so, daß ihr wie sie sein müßt, um in den Himmel zu kommen.“[108] Ich stelle mir manchmal die Frage, ob Jesus nicht auch eine andere Transportmöglichkeit für seinen Einzug in Jerusalem angeboten wurde. Elias hatte weiße Pferde, aber möglicherweise dachte sich Jesus, daß für die Selbstachtung des Esels ein kleiner Motivationsschub sicher ganz gut wäre.

Jesus kümmerte sich stets um die kleinen Leute und beschützte sie, wann immer er konnte. König David änderte eine lange gepflegte Tradition, als er verkündete: „Auch jene, die zurückbleiben und das Gepäck hüten, sollen den gleichen Anteil an der Kriegsbeute erhalten.“ David glaubte, daß „auch jene dienen, die nur dastehen und warten“.

Jesus nahm sich für die Menschen Zeit, die ihr Dasein auf der Schattenseite des Lebens fristeten. Die Mauerblümchen. Die Aussätzigen. Die, mit denen niemand tanzen wollte. Er forderte sie auf. Jesus nahm sein Mahl mit der Elite, aber er lebte bei den kleinen Leuten ... den Menschen aus dem Volke, den Fischern. Vielleicht hegte Jesus Sympathie für die Unterprivilegierten und Ungeliebten, da auch er erfahren hatte, was es heißt, ein Außenseiter zu sein. Er wußte, wie einem zumute ist, wenn man bespuckt, falsch verstanden und durch Worte und Taten mißbraucht wird. Er wußte, wie es ist, an einem Tag wie ein König und am nächsten wie ein Verbrecher behandelt zu werden.

Als er den kleinen Zachäus im Baum sitzen sah, sagte er: „Komm herunter, damit du mit mir auf gleicher Ebene stehst. Ich würde mich sehr geehrt fühlen, heute abend bei dir zu Hause zu speisen.“

Die Reichen mögen Jesus begraben haben, die einfachen Menschen schenkten ihm jedoch Leben, Freude und Freundschaft.

Jesus kümmerte sich um die kleinen Leute.

Frage

Verbringen Sie Zeit mit den kleinen Leuten in Ihrem Unternehmen, oder sind es die großen Tiere, die Ihre ganze Zeit und Energie in Anspruch nehmen?

Frage

Beschreiben Sie einige Situationen, in denen Sie sich Zeit für die Menschen um Sie herum nahmen ... jene, die still und kaum beachtet ihren Dienst verrichten.

Frage

Wie nützen Sie Ihre Position, um dabei zu helfen, daß sich Ihr Team großartig, geachtet und bestärkt fühlt?

Er verpflichtete sie

Jesus inspirierte andere nicht nur, er verpflichtete sie. Er bewegte die Menschen nicht nur, er brachte sie dazu, die Arbeit freiwillig anzunehmen. Er fragte seine Mitarbeiter mehr als einmal laut und vernehmlich: „Wirst du mir folgen?" Als er immer umstrittener wurde, entschieden einige seiner Anhänger, sich zurückzuziehen. Jesus wandte sich an Petrus und sagte: „Willst nicht auch du weggehen?" Petrus antwortete: „Du hast Worte ewigen Lebens. Zu wem soll ich sonst gehen?"[109] Und doch stellte Jesus die Frage.

Es ist leicht, eine Verkaufspräsentation zu machen, dann aber nicht den Mut zu haben, nach Aufträgen zu fragen. Jesus fragte stets nach der Bestellung. Er verpflichtete sein Team. Er fragte sie in aller Öffentlichkeit, ob sie zu einem mündlichen Vertragsabschluß bereit wären. „Ich werde diese Dinge tun. Wirst du in meinem Team sein?" Dann wartete er auf die Antwort. Oft gehen Führungskräfte so sehr darin auf, der Masse die Notwendigkeit einer Handlung darzulegen, daß sie sich umdrehen und entschwinden, ohne jemanden zu verpflichten, der ihnen bei der Lösung der Aufgabe hilft. Führungskräfte sind dafür verantwortlich, ihren Mitarbeitern die mit ihrer Arbeit verbundenen Vorteile klarzumachen. In der Verantwortung der Mitarbeiter liegt es, der Führungskraft klar zu signalisieren, daß sie bereit sind, sich zu engagieren. Die Bürde, die entscheidende Frage zu stellen und Menschen zu einer bindenden Aussage zu bewegen, kann der Führungskraft aber niemand abnehmen. Viele wagen es möglicherweise nicht, diese Frage zu stellen, weil sie Angst vor der Antwort haben.

Jesus begann erst dann mit jemandem zu arbeiten, wenn er genau wußte, welchen Platz diese Person in seinem Team einzunehmen bereit war. Wie alle guten Führungskräfte erwartete er Engagement. Er verdiente es, so wie es jeder verdient, der bereit ist, sich für eine Sache einzusetzen.

Bevor in unserer Werbeagentur, der Jones Group, eine Graphik in den Druck geht, muß der Kunde das Projekt unterschreiben und damit zum Druck freigeben. Mit der Unterschrift wird die Richtigkeit der Graphik bestätigt. Sie würden sich wundern, wie klein das Signum mancher Leute plötzlich wird. Während vorher auffallend große Buchstaben verwendet werden, die über die halbe Seite gehen, schrumpfen die Unterschriften plötzlich zu unleserlichen Kritzeleien. Manchmal fragen sie sogar, ob sie mit Bleistift signieren dürfen. Wir lächeln immer nur und reichen ihnen eine Füllfeder.

John Hancock, dessen Name ein Synonym für das Wort *Unterschrift* wurde, sticht auf der Unabhängigkeitserklärung mit dem größten aller Namenszüge hervor. Er soll sich nach der Unterzeichnung zu seinen Kameraden umgedreht und erklärt haben: „Ich möchte nicht, daß der König irgendwelche Probleme hat, meinen Namen zu finden." Das ist Mut und Engagement großgeschrieben. John Hancock war der Mission verpflichtet.

Einer der wichtigsten Verhandlungskniffe ist die Fähigkeit, eine Frage zu stellen und dann schweigend auf die Antwort zu warten. Das wirkt ganz besonders bei schwierigen Fragen. Menschen ist die Stille unangenehm, und sie beeilen sich, diese zu durchbrechen, oft zu ihrem eigenen Nachteil.

Jesus fragte: „Wirst du mir folgen?" und wartete dann auf die Antwort. Er fragte Petrus: „Liebst du mich?" und wartete dann auf die Antwort. Er fragte: „Wirst du im Garten auf mich warten?"[110] und wartete dann auf die Antwort.

Jesus verpflichtete Menschen.

Frage

Wann haben Sie Ihre Mitarbeiter das letzte Mal gefragt, wie sehr sie sich für Sie und das Projekt engagieren?

Frage

Warten Sie auf die Antwort, nachdem Sie eine schwierige Frage gestellt haben?

Frage

Welche Art von Verpflichtung erwarten Sie sich von Ihren Mitarbeitern – sei es mündlich oder auf andere Art und Weise festgelegt – bevor sie als Teil des Teams betrachtet werden können?

Er sportne sie an

Jesus spornte Menschen an. „Du kannst es. Nimm dein Bett und gehe. Komm schon, Lazarus. Trete ins Licht. Komm schon, Petrus. Geh auf das Wasser hinaus. Komm schon!"

Eine der traurigsten Episoden der Heiligen Schrift handelt von den Stämmen, die es vorzogen, sich in der Wüste niederzulassen und nicht mit ins Gelobte Land zu ziehen. Sie bekamen, wonach sie verlangt hatten, aber sie hatten nur nach Sand verlangt.[111] Als Jesus Wasser zu Wein verwandelte, wollte er damit sagen: „Du bist göttlich. Jeder Tag kann ein Fest für dich sein, wenn du weißt, daß du geliebt wirst."

Dies ist der Text für eines meiner Lieder:

LIED DER WÜSTE

Wenn du in die Wüste hinausgehst
horche angestrengt hin.
Du wirst hören, wie der Wind seufzend
zu dem stillen Kaktus, der sich hochrankt, spricht.

Warum bist du hier? Du weißt, wo du sein könntest.
Aber das hieße uns umzupflanzen.
Ein kalter Winter.
Sicherer Tod –

Unser wenig Wasser aufzugeben
für das Versprechen eines weitentfernten, fernen Frühlings.

Aber er sagte dir, daß du nur glauben müßtest,
und du würdest es schon sehen.

„Geh weg ... wir sind hier glücklich."
Die Eule schrie: „Geh weg.
Zumindest haben wir hier unsere Schatten."
Die Schlange lächelte ... zusammengeringelt im Sand.

Wie frustrierend muß es für Jesus gewesen sein, daß die Menschen, die er als göttlich bezeichnet hatte, sich wie geistlose Lehmklumpen verhielten. Es ist nicht zuviel, was wir verlangen; es ist zuwenig.

Jesus spornte Menschen an.

Frage

In welcher Weise ermutigen Sie Ihre Leute, sich mehr zu bemühen, mehr zu tun, und das Beste aus sich herauszuholen?

Frage

Wer ermutigt Sie?

Er hatte Mitgefühl für die Menschen

Jesus versuchte den Menschen mit allen Mitteln zu zeigen, wie sehr sie geliebt werden. „Jerusalem, Jerusalem, wie oft wollte ich deine Kinder sammeln", rief er aus.[112] Wenn er sah, wie eine Stadt dem geistigen Verfall preisgegeben war, erhob er lautes Wehgeschrei. Manchmal übermannten ihn einfach der ganze Schmerz und die Einsamkeit, all die vergeudete Energie und die leer gebliebenen Plätze beim Festmahl. Jesus weinte.[113]

Jesus konnte den Schmerz anderer Menschen fühlen. Ich erinnere mich daran, daß ein Freund, als ich einmal sehr krank war, zu mir sagte: „Ich wünschte, ich könnte deinen Schmerz in mich aufnehmen, so daß er abklingen und dich in Frieden lassen würde." Das ist Anteilnahme ... das ist Einfühlungsvermögen.

Meine Mutter, die sich sehr stark für AIDSkranke einsetzt, erzählte mir, daß sie nicht gewußt hatte, als sie Gott ihre Hilfe anbot, daß dies bedeuten würde, zeitweise in die Haut anderer Leute schlüpfen zu müssen. „Sie paßt mir nie." Sie lachte. Manchmal macht sie für AIDSpatienten die Wäsche. Eines Nachts saß sie am Sterbebett eines jungen Mannes namens Eduardo und sang ihm spanische Wiegenlieder vor.

Als Jesus sich der versammelten Gemeinde in der Kirche zuwandte, fragte er: „Und wer ist hier fromm? Wer hat Mut? Wer hat Mitgefühl? Wer verdient die Krone? Jener, der das festlich weiße Gewand trägt und sich nach Austeilung der Oblaten die Hände wäscht, während er der Menge predigt, daß andere einen gerechten Tod sterben ... oder die Frau, die an der Seite eines sterbenden Mannes sitzt oder ein Kind tröstet, von dem sie weiß, daß es bald an AIDS sterben wird?"

Auch ich muß mitunter weinen, wenn ich mir so manche Kirchen ansehe. Denn wenn wir einmal unser Mitgefühl verlieren, verlieren wir unsere Seele. Wenn das Herz aufhört zu schlagen, stirbt der ganze Körper.

Angenommen Sie sind Kapitän eines riesigen Flugzeugträgers im Südchinesischen Meer. Plötzlich schlägt Ihre Mannschaft Alarm – ein Flugzeug nähert sich. Laut Durchsage ist es aus Südvietnam und hat keinen Sprit mehr. Eine Landung auf Ihrem Deck wäre die einzige Chance, um einen Absturz ins Meer abzuwenden. Der Pilot meldet weiter, daß sich an Bord außer ihm selbst noch seine Frau und ihre fünf Kinder befinden, allesamt Flüchtlinge aus Nordvietnam. Ein kleines Problem gibt es da aber noch. Auf dem Deck ist kein Platz für sie, und es bleibt auch keine Zeit, die anderen Flugzeuge aus der einzig möglichen Landezone wegzutransportieren. Was würden Sie tun?

Mit dieser Situation konfrontiert, stieß der Kapitän drei mehrere Millionen Dollar teure Flieger ins Meer. Er war eine Omega-Führungskraft. Er hörte auf sein Herz. Wieviel ist Ihnen ein Menschenleben wert?

Jesus hatte Mitgefühl für die Menschen.

Frage

Nennen Sie drei Beispiele einfühlsamer Führung, die Sie in letzter Zeit beobachtet haben.

Frage

Bei welcher Gelegenheit haben Sie als Führungskraft Mitgefühl bewiesen?

Er diente ihnen

Das Prinzip des Dienens unterscheidet die wahren Führungspersönlichkeiten von jenen, die nur nach Ruhm streben. Jesus, die Führungspersönlichkeit schlechthin, diente seinem Volk. Die mcisten Religionen lehren, daß wir hier sind, um Gott zu dienen; durch Jesus bietet uns Gott jedoch seinen Dienst an.

Stellen Sie sich nur diesen Denkwandel vor. Der alttestamentarischen Gesinnung nach war die Menschheit Gott zu Dank verpflichtet und versuchte in jeder nur erdenklichen Weise, Ihn zufriedenzustellen. Plötzlich erschien da dieser Mann, der behauptete, Gottes Sohn zu sein und die Menschen fragte: „Was kann ich für euch tun?"

Für manche war allein schon der Gedanke schockierend, daß Gott uns dient. Und doch ging dieser Mann, der Gott repräsentierte – der alle Macht Gottes in sich vereinte – auf Menschen zu und fragte: „Wie kann ich dir helfen?" Wenn sie sehen wollten, öffnete er ihre Augen. Wenn sie gehen wollten, ließ er sie gehen. Wenn jemand wollte, daß seine Tochter zum Leben wiedererweckt wird, brachte er sie ins Leben zurück. Wenn sie Wein wollten, gab er ihnen Wein. Wenn sie Brot wollten, gab er ihnen Brot. Als sie ihn tot sehen wollten, starb er sogar für sie. Er tat all diese Dinge ohne Widerstand, weil die Quelle seiner Macht nur eines war: Liebe. Lieben heißt dienen. Und Gott ist Liebe.

Das Symbol der Liebe ist ein Kreis. Wahres Dienen gibt wiederum den Anstoß zu dienen, womit sich der Kreis schließt. Das mag der Grund sein, warum wir so aufgebracht sind, wenn uns nicht gedient wird, und warum wir bereit sind, jemandem, der uns seine Dienste anbietet, mehr zu zahlen. Im Unterbewußtsein wird damit ausgedrückt: „Ich bin mit Ihnen Teil des Kreises."

Dienen zu wollen ist eine Grundeinstellung, die das härteste Herz erweichen und die heikelste Situation retten kann. Ich erlebte dies am eigenen Leibe, als ich Beau, einen meiner Freunde aus der High-School, in Dallas besuchte. An jenem Tag mußte er fünfzehn große, von ihm maßgeschneiderte Kissen in den vierten Stock des Dallas Trade Centers liefern. Es war Winter, heftiger Wind blies und trieb den Sprühregen vor sich her. Die Kundin hatte Beau gebeten, beim Hintereingang zu parken und ihr die Kissen einfach nach oben zu bringen, also parkte er pflichtbewußt in der gelben Ladezone und begann, das Auto zu entladen. Wie nicht anders zu erwarten, kam sogleich ein Sicherheitsbeamter angelaufen und schnauzte: „He, Sie können hier nicht parken!" Ich fuhr sofort meine Schutzschilde hoch. In ziemlich herrischem Ton begann ich ihm zu erklären, daß Miß

Higgins, die höchstwahrscheinlich seinen Gehaltsscheck unterschrieb, uns dazu ermächtigt hatte. Ich war nicht gerade begeistert von der Aussicht, ein paar hundert Meter weiter zu parken und fünfzehn überdimensionale Kissen durch den Regen zu schleppen. Beau hingegen demonstrierte eindrucksvoll, wieso er an unserer High-School mit der höchsten Dienstauszeichnung geehrt worden war. Er legte die Kissen aus der Hand und sagte mit stoischer Miene: „Miß Higgins sagte mir, daß ich hier ein paar Minuten parken könnte, aber vielleicht habe ich einen Fehler gemacht. Sie sind der Boß. Sagen Sie mir genau, was ich tun soll, und ich werde mich daran halten.“ Er sah dem Sicherheitsbeamten direkt in die Augen und lächelte.

Man konnte sehen, wie dieser förmlich zerfloß, etwas, das ich bei einer Autoritätsperson so noch nie erlebt hatte. „Tja, ich glaube, es wäre ... ähm ... okay, wenn Sie hier ein paar Minuten parken würden“, sagte er. „Ich werde sogar ein Auge auf Ihr Auto werfen, damit Sie keinen Strafzettel bekommen. Machen Sie nur weiter und erledigen Sie Ihren Job.“ Beau dankte ihm überschwenglich, und wir konnten unseren Auftrag beenden, ohne naß zu werden. Ja, als wir wegfahren wollten, schob der Sicherheitsbeamte sogar noch einige Holzstapel beiseite, so daß wir eine spezielle Ausfahrt nehmen konnten. Ehrlich gemeinte Dienstleistungen bringen sogar die frostigsten Gemüter zum Schmelzen. Beau sagte dem Aufseher, daß wir wüßten, daß er der Boß sei, und der Boß traf die Entscheidung, uns zu dienen. Der Kreis war geschlossen.

Ich bin der Meinung, daß wir das Herz Gottes kläglich unterschätzen. Wir haben einen Schöpfer, dem es größte Freude bereitet, uns ein Königreich zu geben, also sollten wir als Führungskräfte unser möglichstes tun, um jenen zu dienen, denen ein Platz in unserem Königreich zugewiesen wurde. Wir sollten Gutes für sie tun ... und das mit Freude. Jesus sagte: „Ich tue stets, was Gott von mir will.“[114] Er sagte auch: „Gott tut immer, was ich von ihm will.“[115] Dies ist die Schilderung einer Gottheit, die sich dem Dienen verpflichtet hat.

Jesus bediente sie auch bei Tisch. In der Bibel ist zu lesen, daß er seine Leute auf eine Mission schickte und bei ihrer Rückkehr zu ihnen sagte: „Kommt, ihr müßt müde sein. Ich habe ein Picknick für euch bereitet.“[116] Nachdem er von den Toten auferstanden war, bereitete er ein Picknick am Strand vor und wartete darauf, von seinen Jüngern erkannt zu werden. Er hat weder die Medien informiert, noch irgendwelche Spezialeffekte eingesetzt. Er wollte ihnen einfach noch ein Mahl servieren.

So viele Bibelgeschichten stellen Gott als die ultimative Führungspersönlichkeit dar, die Festmähler arrangierte, Parties aufzog und den besten Wein hervorholte, um die Rückkehr eines verlorenen Kindes zu feiern. Ebenso wird in der Bibel von Führungspersönlichkeiten wie dem Barmherzigen Samariter berichtet, der seine Mission unterbrach, um einen verletzten Feind auf der Straße zu versorgen, und der sagte: „Alles, was dieser Mann sonst noch braucht, geht auf meine Rechnung.“[117]

Einige alte und weise Männer erteilten einem jungen König folgenden Rat: „Bist du wohlwollend gegen dieses Volk, *zeigst du dich ihnen gefällig* und sprichst du zu ihnen begütigende Worte, so werden sie dir allzeit dienen."[118]

Jesus diente ihnen.

Frage

In welcher Weise dienen Sie wirklich Ihren Leuten?

Frage

Überlegen Sie sich zehn weitere Möglichkeiten, ihnen zu dienen.

Er liebte sie

In allen vier Evangelien, Matthäus, Markus, Lukas und Johannes, wird von Menschen gesprochen, „die Jesus *liebte*". Als Jesus dem reichen, jungen Herrscher begegnete, sah er ihn an und *liebte* ihn. Ein anderes Mitglied seines Stabes beschreibt eine Szene, in der Jesus Lazarus aufsuchte, den Mann, den er *liebte*. Johannes, der Jünger, wurde als jemand beschrieben, den Jesus *liebte*. In seiner letzten Botschaft verkündete Jesus, daß er seine Mitarbeiter genauso liebe wie sein eigener Vater ihn liebe, und daß er gekommen sei, um den Menschen zu zeigen, wie man einander liebt. Wie es in der Bibel heißt: „Jetzt bleiben Glaube, Hoffnung, Liebe, diese drei: das Größte von ihnen ist die Liebe."[119]

Liebe ist das Fundament von allem, was Schönes und Gutes verheißt. Wenn jemand mit Röntgenblick in Ihren Bemühungen nach Liebe suchen würde, was würde er sehen? Wo würde er die Liebe finden? Einige Firmen werden nur durch die Gehaltsschecks zusammengehalten; in anderen Firmen dagegen ist die Liebe so stark, daß viele bezahlen würden, nur um dazugehören zu dürfen. Zu welcher Kategorie gehört Ihre Firma?

Jesus predigte drei Jahre lang und deckte dabei so ziemlich alle Themen ab – von der Lektion, wie man es vermeiden kann, ein Kamel zu verschlucken, bis zu der Anleitung, wie man der Größte von allen wird. Schlußendlich faßte er aber seine Lehre in einem einzigen Satz zusammen: „Du sollst den Herrn, deinen Gott, lieben aus deinem ganzen Herzen, deiner ganzen Seele und deinem ganzen Denken, und du sollst deinen Nächsten lieben wie dich selbst.“[120] Jesus konnte Menschen führen, ganz einfach weil er sie liebte.

Eine Legende besagt, daß Johannes, der Mitarbeiter, den Jesus liebte, einmal von jungen wißbegierigen Konvertiten mit Fragen nach den himmlischen Prinzipien durchlöchert wurde. In einem vollbesetzten Versammlungssaal sagte Johannes zu der Menge: „Meine Kindlein, liebet einander.“[121] „Das ist toll, Johannes, aber wie können wir wie er die Kranken heilen?“ fragte ein eifriger junger Mann. Johannes stand nochmals auf und sagte: „Meine Kindlein, liebet einander.“ „Okay, Johannes, wir haben's kapiert, aber wie können wir *wirklich* große Anführer werden?“ fragte die Menge. Johannes erhob sich noch einmal und sagte ruhig: „Meine Kindlein, liebet einander.“

Nehmen wir einmal an, folgendes wäre in Ihrem Firmenbuch vermerkt: „Ich will Nachsicht üben und gütig sein ... nicht von Neid erfüllt, angeberisch oder ungehobelt. Ich werde nicht um jeden Preis meinen Kopf durchsetzen wollen oder mich leicht provozieren lassen. Ich werde mich an der

Wahrheit freuen und stets das Beste aus anderen herausholen. Ich werde alles hoffen, glauben, ertragen und erdulden.[122] Rezessionen mögen kommen und gehen, Konjunkturen und Marktlagen mögen besser und schlechter werden, aber ich werde niemals scheitern, denn die Liebe ist das Licht, das mir den Weg weist, und die Liebe weiß im Grunde alles."

Jesus wußte, daß seine Mitarbeiter schlußendlich zu ihm zurückkehren würden.

Weil er sie liebte.

Frage

Wenn Ihre Mitarbeiter Ihre Gefühle für sie beschreiben müßten, von wem würden sie behaupten, daß Sie ihn lieben?

Frage

Welche Ihrer Handlungen würden dieser Aussage zugrundeliegen?

Frage

Überlegen Sie sich drei weitere Wege, wie Sie Ihren Mitarbeitern Ihre Liebe zeigen können.

Er verteidigte sie

Ein Leitgedanke der Wirtschaft lautet: Der Kunde hat immer recht. Übertragen auf das Management sollte er heißen: Ihre Mitarbeiter haben immer recht ... zumindest, soweit es die Öffentlichkeit betrifft.

Die folgende Episode aus der Bibel soll dies illustrieren. Eines Tages kamen die Schriftgelehrten und die Pharisäer zu Jesus. Er solle seine Mitarbeiter zurechtweisen, weil sie am Sabbat Weizen gegessen hätten, verlangten sie von ihm.[123] Zweifellos kannte Jesus die Regeln; und zweifellos hatten seine Leute dagegen verstoßen. Und trotzdem tadelte er seine sündigen Männer nicht, sondern wandte sich an die Schriftgelehrten und Pharisäer. „Ihr seiht die Mücke, verschluckt jedoch das Kamel“[124], sagte er ihnen in unmißverständlicher Weise und ließ sie in Scham über ihre unangebrachte Kritik verstummen. Jesus verteidigte seine Mitarbeiter in der Öffentlichkeit.

Bei anderer Gelegenheit wurde eine Frau, die des Ehebruchs angeklagt war, vor Jesus gezerrt. Auch hier lag ein klarer Fall von Gesetzesverstoß vor. Der Beifall der Schriftgelehrten wäre ihm gewiß gewesen, hätte er deren Rechtsauffassung unterstützt. Statt dessen forderte er jene, die ohne Sünde seien, auf, den ersten Stein zu werfen. Als die zitternde Frau zu ihm aufsah, sagte er: „Frau, wo sind sie? Hat dich keiner verurteilt?“ Sie sagte: „Keiner, Herr.“ Er sagte: „Auch ich verurteile dich nicht. Geh hin und sündige fortan nicht mehr.“[125] Einige Leute meinen, daß dies dieselbe Frau gewesen sei, die später alles verkaufte, um Jesus in seiner Arbeit zu unterstützen. Er hatte sie verteidigt.

Und dann ist da der Fall von Jesu eigenem Cousin, Johannes. Johannes sah, wie sich der Himmel aufklarte, und eine Stimme tönte vom Himmel: „Dies ist mein geliebter Sohn.“ Johannes war ins Gefängnis geworfen worden und hatte dort zu zweifeln begonnen. Er wurde schließlich so depressiv und verwirrt, daß er sogar jemanden zu Jesus sandte mit der Frage: „Bist du sicher, daß du der bist, der du vorgibst zu sein?“ Dieser Bote stellte Jesus die Frage in aller Öffentlichkeit, und sicher verfiel die Menge in betretenes Schweigen. Johannes der Täufer zweifelte an dem Mann, den er selbst getauft hatte. Aber Jesus kam schnell zu seiner Verteidigung und versicherte dem Volk, daß Johannes einer der achtbarsten Menschen sei, die je gelebt hätten. Er wies den Boten an, Johannes alles zu berichten, was er gesehen und gehört hatte. In keinster Weise versuchte Jesus, seinen zweifelnden Mitarbeiter in Verruf zu bringen, obwohl er sich vielleicht gekränkt und gedemütigt fühlte. Statt dessen verteidigte er ihn.[126]

Wenn Menschen auf ein Ziel hinarbeiten, werden sie Fehler begehen ... manchmal auch schwerwiegende. Aber in

Anbetracht der Tatsache, daß diese Menschen die Arbeit weiterführen müssen, wenn Sie Ihren Abschied nehmen, zu wem sonst wollen sie ein Loyalitätsverhältnis aufbauen? Zu einem Kritiker, der kommt und wieder geht? Oder zu einem Mitarbeiter, der vielleicht bleibt und sie eines Tages mit Stolz erfüllt?

Dies war die Situation, die wir in einem Frauenzentrum vorfanden, als wir einen ambitionierten Kreuzzug gegen ein Gesetz starteten, das es Leuten erlaubte, Familienmitglieder mittels nur einer einzigen ärztlichen Bestätigung in eine Anstalt einweisen zu lassen. Einige prominente Männer der Gemeinde mißbrauchten dieses Gesetz, um ihre in Scheidung lebenden Frauen mit Hilfe von befreundeten Ärzten – ihren Kumpels vom Golfplatz – in die örtliche Nervenklinik einliefern zu lassen. „Es passiert gewöhnlich an Freitagen“, teilte uns der Sheriff selbstgefällig mit. „So haben die Mädels keine Chance, vor Montag wieder herauszukommen.“ Wir machten die Medien auf diese Situation aufmerksam und erreichten, daß eine zweiteilige Aufdeckungsreportage darüber gedreht wurde. Aber dann beschwerte sich einer der fraglichen Männer bei einem Vorstandsmitglied des Frauenzentrums, diese Beschwerde wurde an die Geschäftsführerin weitergeleitet, deren Verhältnis zu ihren Mitarbeitern zu jener Zeit eher kühl und distanziert war. Sie versprach in aller Öffentlichkeit, ihren Mitarbeitern einen Verweis zu erteilen, da sie fürchtete, diese hochstehenden Persönlichkeiten würden sonst ihre finanzielle Unterstützung zurückziehen. Die Geschäftsführerin verlor durch ihre politische Taktiererei drei ihrer wertvollsten Mitarbeiter. Sie hatte in Wahrheit nie eine innere Verbundenheit mit ihrem Stab gefühlt. Dies führte schließlich dazu, daß das Zentrum auf eine zweiköpfige Mannschaft zusammenschrumpfte: auf die Geschäftsführerin selbst und eine freiwillige Mitarbeiterin. Danach war es sehr schwer für sie, die Öffentlichkeit aufzurütteln oder irgend etwas Maßgebliches zu bewirken, zumal sie die meiste Zeit über damit beschäftigt war, Geldmittel für ein Programm aufzutreiben, das kein Herz hatte – und keinen Mumm.

Auf einen einfachen Nenner gebracht: Sie werden manchmal schwitzen müssen, um Mitarbeiter zu bekommen, die das Salz überhaupt wert sind, und teilweise wird dieser Schweiß davon herrühren, daß Sie sie vor anderen verteidigen ... mitunter vor anderen, die eine Machtposition innehaben.

Jesus verteidigte sie.

Frage

Haben Sie je einen Mitarbeiter in aller Öffentlichkeit gerügt oder in Verlegenheit gebracht? Wie, glauben Sie, hat er sich dabei gefühlt?

Frage

Wie kann es für Sie zur Selbstverständlichkeit werden, Ihre Mitarbeiter zu verteidigen?

Frage

Listen Sie drei Situationen auf, in denen Sie sich entscheiden mußten, einen Mitarbeiter entweder zu verteidigen oder zu tadeln. Was waren die Folgen?

Er verlieh ihnen Autorität

Wenn man zusammenrechnen würde, wieviele Stunden im Geschäftsalltag sinnlos von Menschen vergeudet werden, die ein Vorhaben durchsetzen wollen, ohne dazu autorisiert zu sein, wären wir alle bestürzt. Auch ich habe schon mit Leuten zusammengearbeitet, die nicht darauf vorbereitet waren, eine Entscheidung zu treffen, da sie nicht wußten, ob sie die dafür notwendige Befugnis hatten. Ich habe erlebt, wie hervorragende Projektpläne von Gruppen ausgearbeitet wurden, nur um sie einem zweimal pro Jahr tagenden Vorstand vorzulegen, der gerade mal zehn Minuten für jedes Projekt erübrigt. Für gewöhnlich bekommt man dann zu hören: „Lassen Sie uns das aufs nächste Mal verschieben." Da den Leuten, die die Pläne entwerfen, nicht die Autorität gegeben wird, sie auch umzusetzen, bleiben sie gewöhnlich in diesem Stadium hängen – dazu verdammt, im Ausschuß zu sterben.

Es ist verständlich, daß es dem Vorstand widerstrebt, Leuten Autorität zu verleihen. Eine Verwässerung seiner Macht wäre die Folge. Überhaupt sind Ausschüsse nur ungern bereit,

Maßnahmen zu setzen, weil sie dazu nämlich Entscheidungen treffen müßten, und dies ist eine schmerzhafte Angelegenheit. Eine Studie ergab, daß das Streßniveau beim Fällen einer Entscheidung gleich hoch anzusetzen ist wie der Streßpegel, der erreicht wird, wenn man eine Spritze bekommt.

Jesus verlieh seinen Mitarbeitern die Autorität, in seinem Namen zu handeln, noch bevor sie dafür reif zu sein schienen. Als er sie das erste Mal mit dieser frisch verliehenen Autorität aussandte, um die Kranken zu heilen und die Toten zu erwecken, muß er wohl am Strand nervös auf und ab gegangen sein und mit gemischten Gefühlen ihrer Rückkehr entgegengefiebert haben. Tatsächlich hatten sie nach ihrer Heimkehr Erfolge zu berichten, aber als sie ihm auch erzählten, daß sie manchmal nicht ganz den Durchblick gehabt hätten, ließ sich Jesus zu der klassischen Antwort hinreißen: „O du ungläubiges und verkehrtes Geschlecht! Wie lange noch soll ich euch ertragen!"[127]

Trotzdem verlieh er ihnen Autorität, und mit der Zeit lernten sie, ihre Mission zur vollsten Zufriedenheit auszuführen. Indem er ihnen die Autorität zu handeln verlieh, delegierte er Macht. Es war so viel Arbeit zu bewältigen, daß er sie weder mit seinen menschlichen, aber auch nicht mit seinen göttlichen Kräften allein – ohne seine Jünger – hätte verrichten können. „Die Ernte ist groß, doch der Arbeiter sind wenige."[128] Also nahm er die Arbeiter, die ihm zur Verfügung standen, und verlieh ihnen Autorität.

Jesus gab seinen Mitarbeitern auch genaue Instruktionen, wie sie diese Autorität einsetzen sollten: Heilt die Kranken und erweckt die Toten zum Leben. Er schrieb ihnen sogar vor, was sie tragen und mit wem sie sprechen sollten.[129] Er sandte sie nicht einfach ohne Plan aus.

Das Delegieren von Autorität erfordert ein enormes Maß an Vertrauen. Vielleicht liegt die weit verbreitete Konfusion unter den Arbeitnehmern daher an der Furchtsamkeit der Spitzenkräfte. Wenn Führungskräfte aus Angst heraus agieren, können sie nicht delegieren. Eine Führungskraft, die nicht delegiert, wird sehr schnell von einem Grüppchen von Jasagern umgeben sein, das ihr schlußendlich den Todesstoß versetzen wird.

Führungskräfte müssen Information und Autorität teilen. Auf diese Weise können sie anderen ein Instrument in die Hand geben, das ihnen nicht nur auf persönlicher, sondern auch auf globaler Ebene die Befriedigung verschafft, das Richtige getan zu haben. Autorität zu gewähren, heißt seinen Talenten zu Hebelwirkung zu verhelfen.

Jesus verlieh ihnen Autorität.

Frage

Wieviel Autorität verleihen Sie Ihren Mitarbeitern?

Frage

Welche Richtlinien für Tun und Lassen haben Sie für Ihre Mitarbeiter festgelegt?

Frage

Welche Autoritätsbereiche blieben bisher Ihnen allein vorbehalten? Warum?

Er spielte mit ihnen

Einer der strengsten militärischen Grundsätze besagt, daß Offiziere mit Unteroffizieren nicht privat verkehren dürfen. In einigen Managementbüchern ist zu lesen, man solle mit seinen Angestellten keine allzu enge Verbindung eingehen, da man sonst beinhart von ihnen ausgenutzt werden würde. „Gute Zäune haben gute Nachbarschaft zur Folge", schrieb Robert Frost. Wir sind eine Spezies, die davon besessen ist, Grenzen zu errichten.

Jesus, die Omega-Führungskraft, kannte keine Grenzen, soweit es seine Gruppe betraf. Kinder liefen zu ihm und umarmten ihn. Seine Mitarbeiter mußten die Mengen spät nachts praktisch hinauswerfen, damit er sich ausruhen konnte. Jeder wollte ihn zu Parties einladen. Jesus spielte mit seinen Leuten. Er muß ungeheure Fröhlichkeit und Freude ausgestrahlt haben, sonst hätten sich kaum so viele Menschen von ihm angezogen gefühlt.

Jesus war die ultimativ charismatische Führungspersönlichkeit, und die meisten charismatischen Führungskräfte haben einen gesunden Sinn für Humor. (Leute, die nicht glauben, daß Gott Sinn für Humor hat, haben sicher noch nie ein Känguruh länger beobachtet.) Obwohl es wenige Schilderungen von Heiterkeitsausbrüchen Jesu gibt, muß er gewiß oft und gerne gelacht haben. Die Albernheiten seiner jungen, enthusiastischen Mitarbeiter haben ihn sicher berührt und amüsiert. „Warte Jesus, ich komme gleich!" mag Petrus gebrüllt haben, als er aufs Wasser hinaustrat und sofort wie ein Stein sank. Die Brüder Zebedäus haben garantiert für einiges Gelächter gesorgt, als sie sich darüber stritten, wer im Königreich der erste sein werde und plötzlich abgehängt wurden, als die Gruppe eine unerwartete Rechtskurve in den Garten einlegte.

Jesus ging auf Parties. Er stimmte mit den Menschen Lieder an und erzählte ihnen unzählige Geschichten von dem Land, das er kannte. Er arrangierte für sie Picknicks am Strand. Er hielt ihre Kinder im Arm. Er liebte es, ihre Gesichter zu beobachten, wenn ein Laib Brot zu dreien wurde, dann zu dreihundert und dann zu dreitausend. Er fühlte sich seinen Mitarbeitern so sehr verbunden, daß er die kranke Schwiegermutter eines Jüngers sogar während einer Party heilte. Wahrscheinlich vollführte er ein Freudentänzchen, als der lahme Mann seine Krücken wegwarf und zu ihm lief, um ihn zu umarmen.

Jeder, der sich schon einmal in den Kreisen bewegt hat, in denen Macht und Einfluß regieren, weiß, daß die meisten Geschäfte bei einer Partie Golf abgeschlossen oder auf Cocktailservietten bei ein paar Drinks oder einem

Abendessen skizziert werden. Ich habe viele übereifrige Führungskräfte gesehen, die versucht haben, ihre Kunden an den Konferenztisch zu locken, statt sie auf Parties einzuladen. Sie hätten gut daran getan, zuerst an das Spiel und dann erst an die Arbeit zu denken.

Die Welt ist zum Bersten voll mit Freuden. Jesus muß dies verkörpert haben, sonst er hätte nicht der sein können, der er seiner Aussage nach war. Eine transparente Führungskraft ist von Frohsinn erfüllt, denn nichts wird verborgen. Führungskräfte, die ihre Spontaneität und Freude teilen, errichten ein Gerüst aus Liebe und Loyalität. Bande werden geknüpft, wenn alle Schutzwälle abgebaut sind, und nichts öffnet die Menschen mehr für die Liebe als das Spiel.

Jesus spielte mit ihnen.

Frage

Wann haben Sie zum letzten Mal mit Ihren Mitarbeitern gespielt?

Frage

Wann haben Sie das letzte Mal mit ihnen gelacht?

Frage

Versuchen Sie, Ihre Leute zum Tisch oder zur Party zu bringen?

Er hatte nur Gutes im Sinn

James Autrey erzählt in seinem Buch *For Love and Profit,* daß er von einer seiner Mitarbeiterinnen eines der wichtigsten Führungsprinzipien gelernt habe: immer vom guten Willen auszugehen. Er wurde Zeuge, wie sie auf verfeindete Parteien beruhigend einwirkte und kreative zwischenmenschliche Problemlösungen entwickelte, indem sie ihre Sitzungen mit folgendem Satz eröffnete: „Nun, lassen Sie uns davon ausgehen, daß jeder dem anderen wohlwollend gesinnt ist, und fahren wir auf dieser Basis fort." Jesus ging bei den Menschen immer vom Besten aus ... sogar als sie ihn ans Kreuz nagelten.

Er nannte uns Lämmer und Kinder – niemals bezeichnete er uns als sündige Würmer. Ich verließ einmal fluchtartig eine Kirche, als der Prediger nicht aufhörte, uns ständig als sündige Würmer zu bezeichnen. Nun frage ich Sie, wie kann ein Wurm sündigen? Ganz einmal davon abgesehen, daß ich nach dem Bild Gottes geschaffen wurde. Wer war denn dieser Prediger, daß er sich anmaßte, mich als für Gottes Liebe unwürdig zu erklären?

Jesus nahm von uns immer nur das Beste an. Er sah uns als zukünftige Könige und Königinnen und hatte immer schnell eine Entschuldigung und ein vergebendes Wort für unsere weniger ruhmreichen Taten parat, weil er wußte, daß wir zu so viel mehr fähig sind. „Ja, Petrus. Du hast mich verleugnet. Aber du wirst mein Felsen sein. Ja, Maria, du hast Männer gehabt, mit denen du nicht verheiratet warst. Aber du bist zu großer Liebe fähig.“

Da er immer nur das Beste in uns sah, konnte er auch das Schlimmste in Kauf nehmen. Er wußte, daß mit himmlischer Hilfe und Bereitschaft von unserer Seite alles ins rechte Lot gerückt werden kann. Die Wunden an seinen Händen würden heilen.

„Vater, vergib ihnen. Denn sie wissen nicht, was sie tun.“[130] Diese Äußerung ist wie ein Mantel der Gnade, gebreitet über unsere schrecklichste aller Taten. Wir gaben ihm nicht unser Bestes, aber er glaubte, daß der gute Wille dazu da war. Dies sagte er mit seinem letzten Atemzug. Dies zeigt, warum er so großes Geschick als unser Mittelsmann bewiesen hat. Er glaubte, daß in letzter Konsequenz die Chöre der Engel uns zu Ehren singen würden und Gott selbst voll Stolz auf uns blicken würde.

Frage

Was würde sich an Ihrer Umgangsweise mit Menschen ändern, wenn Sie immer von deren guten Willen ausgingen?

Frage

Hat Ihre Meinung irgendeinen Einfluß auf Ihre Getreuen? Welchen?

Er gab ihnen ein handfestes Zeichen der Erinnerung

Rein materiell betrachtet, hinterließ Jesus seinen Leuten kaum mehr als Erinnerungen. Das einzige, was er zum Zeitpunkt seines Todes besaß, war sein Gewand, über das die römischen Soldaten schließlich das Los warfen.

Aber doch gab Jesus seinen Jüngern etwas Handfestes, das sie immer an ihn erinnern sollte: das Letzte Abendmahl. Es war ein Gemeinschaftsritual, basierend auf folgenden Worten: „Jedes Mal, wenn ihr dieses Brot eßt und diesen Wein trinkt, gedenket mein."[131] Er gab ihnen ein schönes Andenken an den Abschied, das sie berühren, schmecken und fühlen konnten.

Uns Menschen liegt es im Blut, mit Hilfe von Verbrüderungsritualen einander näherzukommen und uns als Teil eines Teams zu fühlen. Ein Paradebeispiel dafür ist die Welt des Sports. Auf dem Spielfeld stecken die Spieler die Köpfe zusammen, klopfen einander anerkennend auf die Schulter und umarmen sich überschwenglich. Auf den Tribünen ist der Körperkontakt fast genauso stark. Johlen und pfeifen, die Welle, Umarmungen, High-Fives ... all das gehört dazu, um solche Großveranstaltungen zu einem Gemeinschaftserlebnis zu machen. Wir lieben die handfesten Dinge, die Teil dieses Auf und Nieder von Sieg und Niederlage sind.

Ich habe vor kurzem erfahren, daß sich die meisten Menschen falsch verhalten, wenn sie auf ein Pferd zugehen. Auf eine ausgestreckte Hand oder ein freundliches Tätscheln des Halses reagieren Pferde weniger stark als auf jemanden, der seinen Atem langsam und tief in ihre Nüstern bläst, so daß sie sich den typischen Geruch dieser Person einprägen können. Das ist auch ihre Art, sich untereinander zu begrüßen und Bande zu knüpfen. Es ist ihr Ritual.

Es gibt zu viele Firmen, in denen eine sterile Atmosphäre herrscht, alle Schreibtische gleich aussehen und Menschen mit ausdruckslosen Gesichtern ihren monotonen Tätigkeiten nachgehen. Ich frage mich, ob irgendeiner unter den Führungskräften je versucht hat, zu diesen Leuten Bande zu knüpfen. Statt vorbeizugehen und ihnen auf die Schulter zu klopfen, sollten Geschäftsführer auf Tuchfühlung, sprich „Nasenloch an Nasenloch" gehen und sich Zeit nehmen, die Welt ihrer Mitarbeiter „zu atmen", so wie sie auch wollen, daß diese ihre Welt leben und atmen.

Inwieweit ein Ritual auf den jeweiligen Geschäftsbereich angewendet werden kann, liegt im Ermessen der Führungskraft oder des Managers. In unserer Firma haben wir ein Ritual, das „Freudentanz" genannt wird. Es ist eine spontane Aktion, wenn etwas Großartiges geschehen ist (wie ein eingegangener Scheck) oder wenn eine Idee oder ein Manuskript außergewöhnlich gut gelungen ist. Wir schnappen uns die nächstbeste Person und haken uns ein. Nachdem das Bein ein paarmal hochgeschwungen wurde und man miteinander gelacht hat, kehrt jeder wieder zu seiner Arbeit zurück.

Eines Tages bemerkte ich, daß unsere Sekretärin, während sie am Telephon sprach, mit ihren Fingern kleine Hüpf- und Drehbewegungen in der Luft vollführte. Als ich sie später fragte, was es damit auf sich hätte, erklärte sie: „Das war ein Mini-Freudentanz, weil mich Mr. Super-Wichtig zurückgerufen hat."

Firmenangestellte kommen und gehen – auch in den besten Unternehmen. Und es wird Tage geben, an denen Ihnen eher nach Trauermarsch als nach Freudentanz zumute sein wird. Erst unlängst ertappte ich mich dabei, als ich gegen eine unserer „geliebten" Angestellten die Stimme erhob. Am nächsten Nachmittag, als sich mein Ärger gelegt hatte, setzten wir uns in meinem Büro zusammen und sprachen darüber, was wir beide tun könnten, um uns gegenseitig mehr zu helfen. Zwei Stunden, von vier bis sechs Uhr abends, dauerte unsere Aussprache, und wir legten beide unsere Sorgen, Ängste und Hoffnungen für die Zukunft offen auf den Tisch. Als ich aus dem Fenster sah, bemerkte ich, daß sich das Tageslicht geändert hatte. Das harte Gelb des Nachmittags war einem friedvollen, schimmernden Gold gewichen. Wir beendeten unser Gespräch mit neuer Kraft, da wir wieder einen Weg zueinander gefunden hatten. Beim

Hinausgehen sagte die Angestellte zu mir: „Seit ich hier arbeite, war ich noch nie so lange ungestört mit Ihnen zusammen."

Manchmal kann es ein wichtiges Verbündungsritual sein, einfach mit einem Mitarbeiter in Ruhe beisammenzusitzen, bis unser inneres Leuchten von einem harten Gelb zu einem tiefen, satten Gold changiert. Später schenkte ich ihr einen goldenen Schlüssel – als Symbol für all die neuen Tore, die sich uns geöffnet hatten.

Jesus verstand das Bedürfnis der Menschen nach handfesten Andenken. Es war sein letztes Geschenk an seine Mitarbeiter – Brot und Wein als Sinnbild für Tränen und all die Freude.

Er gab ihnen ein handfestes Zeichen der Erinnerung.

Frage

Welche Verbündungsrituale oder -aktivitäten gibt es in Ihrem Unternehmen?

Frage

Sind diese Rituale offiziell oder inoffiziell?

Frage

Welche handfesten Zeichen der Erinnerung haben Sie Ihren Leuten gegeben?

Er wollte jeden an die Spitze mitnehmen

Jesus haßte es, allein zu essen. Denken Sie doch nur daran, daß auf seiner Mailingliste für Festmahle Auswahlkriterien zu finden waren, wie zum Beispiel: „Wer auch immer Lust hat." Seinem letzten Wunsch zufolge sollte sein ganzer Stab mit ihm in den Himmel auffahren können. Er lud den Dieb, der neben ihm am Kreuz starb, ein, mit ihm ins Paradies zu kommen.

Seien wir doch ehrlich. Wir brauchen einander. Tarzan wäre ohne Jane, Boy und Cheetah eine ziemlich langweilige Story. Und jeder, der behauptet, ein Selfmademan beziehungsweise eine Selfmadewoman zu sein, versteht nicht viel von Biologie. Und doch gibt es tagtäglich Führungskräfte und Manager, die andere, in ihrem Versuch, die oberste Stufe der Karriereleiter zu erklimmen, als Trittbrett benützen.

Ein klassisches Beispiel für dieses Fehlverhalten erlebte ich in einer Sitzung, bei der Jim, der Direktor einer dreißigtausendköpfigen Organisation, erklärte, nur dann ein Joint-venture mit unserer Firma eingehen zu wollen, wenn er die totale Kontrolle über das Projekt haben könnte. Er betonte nachdrücklich, daß seine Organisation das letzte Sagen in allen Bereichen haben würde, vom ersten Entwurf bis zur kreativen Ausarbeitung, vom Konzept bis zur Implementierung. „Wozu brauchen Sie dann uns?" fragte ich. Unsere Firma hatte bereits den Entwurf, das Konzept und die kreative Ausarbeitung geliefert und bot Jims Organisation eigentlich nur eine Beteiligung an der Implementierung an. „N-na ja", stammelte er, „ich weiß nicht, wofür wir Sie brauchen würden. Ich denke als Ideenlieferant. Aber ich betone nochmals, daß ich die absolute, endgültige und totale Kontrolle hätte." Erregt beugte er sich vor, bohrte seinen Finger in meine Richtung und sagte: „Dieses Projekt wäre mein Baby." Mir war inzwischen klar geworden, daß ich unter diesen Umständen nicht mit ihm arbeiten wollte, also beugte auch ich mich vor und sagte: „Jim, darf ich Sie daran erinnern, daß man zwei Leute braucht, um ein Baby zu machen?"

Leider war das nur ein Beispiel für die Grundeinstellung, die in dieser Organisation vorherrschte. Wenn es nicht von Jim kam, war es schon gestorben. Jim war entschlossen, an der Spitze zu bleiben. (Ein Jahr später wurde er seines Amtes enthoben. Ich hatte einen Termin beim neuen Direktor, als Jim gerade ging. Wir haben uns buchstäblich die Türklinke in die Hand gedrückt.)

In Chicago gibt es einen Multimillionär, der kontinuierlich, unbeirrt achtzehn Stunden am Tag daran arbeitet, seine Mitarbeiter aufzubauen. Als er gefragt wurde, warum er so hart arbeite – schließlich hätte er ja bereits Millionen gescheffelt – sagte er: „Weil es mein Ziel ist, dazu beizutragen, daß diese Firma noch mehr Millionäre hervorbringt.“ An Motivation mangelt es in seinem Büro nicht, seine Mitarbeiter fühlen sich bestärkt und voll Energie. Zyniker mögen einwerfen, daß das nur die Aussicht auf das große Geld ist. Ich glaube, daß seine Angestellten auch positiv auf das Versprechen der hingebungsvollen Führung und Unterstützung reagieren.

Jesus sagte: „Ich gebe euch meinen Namen. Gebraucht ihn.“

Er wollte so viele Menschen wie möglich an die Spitze mitnehmen.

Frage

Wieviele Menschen wollen Sie auf dem Weg zum Erfolg mitnehmen?

Frage

Berücksichtigt Ihr Aktionsplan diese Menschen?

Frage

Sind die anderen sich dessen bewußt?

Er sah sie als Gottesgeschenk

In seinem letzten überlieferten Gebet auf Erden sagte Jesus: „Diese Menschen waren deine Geschenke an mich."[132] Sie waren nicht Projekte, die abgewickelt werden sollten. Sünder, die bekehrt werden sollten. Narren, die auf den rechten Weg geführt werden sollten. Würmer, die verwandelt werden sollten. Bauern, die wie auf einem Schachbrett hin- und hergeschoben werden sollten, bis der Plan erfüllt war. Jesus sah sie als Gottesgeschenk.

Jesus sah Petrus an und sagte: „Petrus, du warst ein Geschenk Gottes." Er sah Johannes an und sagte: „Johannes, du warst ein Geschenk Gottes." Er sah Maria an und sagte: „Maria, du warst ein Geschenk Gottes." Er wußte, daß Gott ihm nichts geben würde, was nicht essentiell gut war.

Es waren die Menschen, die Gottes Sohn glücklich machten. Jesus erfreute sich an ihrer Gesellschaft. Sie gaben ihm das Gefühl, geliebt zu werden. Sie machten ihn sogar so glücklich, daß es sein letzter Wunsch vor dem Abschied war, im Himmel wieder mit ihnen vereint zu sein. Er unterrichtete und schulte sie, aber es war nicht das Endresultat, das ihm so große Freude bereitete, sondern der Weg dahin und die sie verbindende Freundschaft.

Ihre Mitarbeiter werden möglicherweise nicht immer die Pläne erfüllen können, die Sie für sie so brillant entworfen haben. Wenn Sie eine Omega-Führungskraft sind, stehen die Chancen dafür zwar nicht schlecht, Sie dürfen aber niemals vergessen, daß diese Menschen vor allem die größten Geschenke sind, die Sie von jemandem empfangen können. Erfreuen Sie sich an ihnen. Schätzen Sie sie. Verteidigen Sie sie. Genießen Sie sie.

Um einen Schwarm von Schmetterlingen zu hüten, muß man in Verzückung verharren.

Jesus sah sie als Gottesgeschenk.

Frage

Glauben Sie, daß Ihre Mitarbeiter ein Gottesgeschenk sind?

Frage

Behandeln Sie sie dementsprechend?

Frage

Nennen Sie eine Charaktereigenschaft jedes Ihrer Angestellten, anhand derer sich beweisen läßt, daß er oder sie speziell für Ihre größten *Bedürfnisse* ausgesucht wurde.

Frage

Nennen Sie eine Charaktereigenschaft jedes Ihrer Angestellten, die beweist, daß er oder sie speziell ausgesucht wurde, um Ihnen die größte *Freude* zu bereiten.

Er liebte sie bis ans Ende

Wir leben in einer Welt, in der die Worte „bis daß der Tod euch scheidet" nur für die Hälfte der Paare, die sie mit größtmöglicher Ernsthaftigkeit aussprechen, wahre Bedeutung haben. Gleichzeitig leben wir in einer Welt, in der das menschliche Herz noch die gleichen Bedürfnisse und das gleiche Potential hat wie eh und je.

Bei einer Vorstandssitzung vor ein paar Jahren verstieß ich gegen Punkt eins auf der Liste der Kardinalfehler, die eine Frau begehen kann. Ich weinte. Ich war frustriert über die zögernden Reaktionen und die offene Feindseligkeit, die meinem Versuch entgegengebracht wurden, die Änderungen, über deren Notwendigkeit wir uns alle einig waren, zu implementieren. Vor dem versammelten Forum von vierzehn Vorstandsmitgliedern liefen mir die Tränen über das Gesicht. Später standen sie alle auf, um mich zu trösten und sich für ihr Verhalten zu entschuldigen. „Wir waren nicht sicher, ob wir Ihnen vertrauen können", sagten sie. „Jetzt ist uns klar, daß Sie bereit sind, sich mit ganzem Herzen zu engagieren." Meine Tränen hatten den Damm ihres distanzierten Benehmens durchbrochen.

Ein Unternehmen kann ohne Engagement, das von Herzen kommt, nicht existieren. Firmen, die Kundendienst großschreiben, zeigen damit deutlich, daß sie erkennen, mit wem sie es zu tun haben, und daß sie bereit sind, Sie als Person wichtig zu nehmen. In meinen Marketingseminaren gebe ich Ärzten (nur halb im Scherz) den Tip, Blumen und Gute-Besserung-Billets an ihre Patienten zu schicken, weil sie dann keine Versicherung gegen Kunstfehler mehr brauchen würden. Menschen verklagen niemanden, der von Herzen kommendes Engagement zeigt.

Als ich den Satz „Jesus blickte den jungen Mann an und war von Liebe zu ihm erfüllt"[133] das erste Mal las, dachte ich, daß von Johannes oder Petrus die Rede sein müsse. In Wahrheit handelte es sich aber um einen reichen, jungen Herrscher, was mir nur deshalb in der Erinnerung haften blieb, da ich den Gedanken so poetisch fand. Dieser Jüngling stand vor Jesus und fragte beflissen: „Was muß ich tun, um ewiges Leben zu erlangen?" „Geh hin, verkaufe alles, was du hast; dann komm und folge mir nach!" lautete die Antwort Jesu. Der junge Mann drehte sich jedoch um und ging davon. Nachdem er Für und Wider abgewogen hatte, war ihm der Preis zu hoch erschienen.

Das Interessante an der Geschichte ist, daß Jesus den jungen Mann liebte, sogar als sich dieser entschloß, wegzugehen. Er entzog ihm seine Liebe nicht, nur weil er seinen Ansprüchen nicht genügte und nicht auf seinen Zug aufsprang. Dieser Mann entfernte sich, und doch liebte ihn Jesus auch weiterhin.

Ich möchte genauso sein und Kunden, die ihre Verträge nicht erneuern, dennoch lieben, ebenso wie Menschen, die ich feuern mußte oder die mich feuern mußten.

Zu diesem Thema fällt mir ein vor kurzem erschienenes Buch über einen Multimillionär ein, das von einem seiner verbitterten Angestellten geschrieben wurde. Der Multimillionär soll den Buchautor mit den Worten: „Er war sowieso nie so wichtig für uns“ entlassen haben. Vielleicht war es genau diese Einstellung, die den Angestellten dazu bewog, zu kündigen und ein dermaßen vernichtendes Buch zu schreiben.

Jesus schlug nie eine Tür zu oder brannte eine Brücke hinter sich nieder. Er sagte: „Klopfet an, und es wird euch aufgetan werden!“[134] Er meinte damit jederzeit, an jedem Ort. Er würde da sein. Egal, wie lange jemand weg gewesen war oder welche Worte beim Abschied gefallen waren. Er versprach, da zu sein.

Zu jeder Tür gehören auch Angeln ... vielleicht aus Gründen der Ewigkeit. Als Zimmermann muß Jesus sicherlich viele Türen im Haus seines Vaters montiert haben. Er wußte, daß Türen, die geschlossen worden waren, jederzeit wieder geöffnet werden konnten. Jeder seiner Mitarbeiter ließ ihn im Stich, vor allem als er sie am meisten gebraucht hätte. Und doch ...

„Er zeigte den Seinen, die er in dieser Welt liebte, die Liebe bis zur Vollendung.“[135]

Frage

Haben Sie sich geschworen, Ihre Leute zu lieben, komme, was wolle?

Frage

Vertrauen Sie auf die Liebe, auch wenn es Trennungen geben sollte?

Frage

Haben Sie schon einmal jemandem eine Tür geöffnet, die zuvor verschlossen war?

Er sah sie als seine größte Errungenschaft

Und verherrlicht bin ich in ihnen."[136]

Je mehr ich mich mit dem Konzept beschäftige, in Jesus einen Manager zu sehen, desto mehr staune ich über die beeindruckenden, von göttlicher Energie beseelten Prioritäten dieser Führungspersönlichkeit. In seiner letzten resümierenden Zwiesprache mit Gott zum Beispiel, in Johannes 17, erwähnte Jesus kein einziges seiner Wunder. Sein Fazit lautete nicht:

> Sehr geehrter Herr Vorstandsvorsitzender!
> Ich habe meine Aufgabe hier beendet und kann folgende Taten anführen:
> 1. Erweckung von Toten (kleines Mädchen und Lazarus).
> 2. Verwandlung von Wasser zu Wein (beim Hochzeitsmahl).
> 3. Vermehrung der Brotlaibe und Fische (bei zahlreichen Gelegenheiten).
> 4. Reduktion der Krankenstände in meinem Arbeitsgebiet.

Er sagte weder: „Ich habe den Bau des Tempels fähigen Leuten übertragen, so daß er bis Mai abgeschlossen sein sollte“, noch sagte er: „Ich habe die Anzahl von Neuzugängen hier verdoppelt, und Sie werden feststellen, daß die Spenden an drei Standorten deutlich zugenommen haben.“ Statt dessen gab er seine Leute als seine größte Errungenschaft an. Seine Zusammenfassung lautete demnach:

> Sehr geehrter Herr Vorstandsvorsitzender!
>
> Als Beweis meiner guten Arbeit hier möchte ich Ihnen Petrus, Jakobus, Johannes, Maria, Maria Magdalena und Martha präsentieren ... in Liebe vollendet.
>
> Jesus

Die folgende kurze Lobrede schrieb ich für den Vater eines lieben Freundes von mir, der letzten Mai verstarb.

Ein wunderbarer Mensch ging letzte Nacht
in den Himmel ein.
Gott erfüllte sein Herz mit Großmut,
und er ließ ihn uns reichlich zuteil werden.
Ein wacher Geist ... ein Verehrer der Lyrik,
er lehrte uns alles, was er über die Liebe wußte.
Es liegt nun an uns, sie zu leben.

Dasselbe könnten wir über Jesus sagen. Da war ein Mann – ein kulturelles Phänomen –, der das geistige und politische

Weltbild umstürzte, wo auch immer er seinen Fuß hinsetzte, und jedesmal, wenn er seinen Mund auftat, veränderte er das Leben von Menschen. Trotz all dem bestand sein einziger handfester Nachlaß aus einem zerrissenen Gewand ... und einem Petrus, einem Jakobus, einem Johannes, einer Maria, einer Maria Magdalena und einer Martha.

Diese Menschen waren auch die einzigen „Trophäen", die er mit sich ins Paradies nehmen wollte.

Das Werk dieses Zimmermanns menschlicher Herzen war von erstklassiger Güte. Er sah Menschen als seine größte Errungenschaft und zimmerte ihnen damit einen Tisch für die Ewigkeit.

Jesus sah sie als seine größte Errungenschaft.

Frage

Was (oder wen) sehen Sie als Ihre größte Errungenschaft?

Frage

Was würde sich an Ihrer Handlungsweise ändern, wenn nicht das, was unterm Strich dabei herauskommt, Ihre größte Priorität wäre, sondern das Bestreben, Gott und die Sie umgebenden Menschen zu lieben?

Er wußte, daß wir nur gemeinsam oder gar nicht gewinnen können

Vor einer Versammlung des amerikanischen Rednerverbandes erzählte ein Mitglied aus Dallas, Texas, folgende Geschichte. Ein junger Mann hatte monatelang für den 100-m-Lauf bei den Special Olympics trainiert. Als der Startschuß aber endlich fiel und er sich als erster aus dem Block katapultierte, schienen seine Emotionen mit ihm durchzugehen. Seine Beine starteten in entgegengesetzte Richtungen, und in all seinem Eifer stürzte er geradewegs vor dem Startblock zu Boden. Die anderen Sportler, die alle mit genauso viel Enthusiasmus wie er an diesem großen Ereignis teilnahmen, brachen dessenungeachtet ihren eigenen Lauf ab und kamen zurück, um ihm zu helfen. Die Zuschauer spendeten stehend Applaus, als seine Konkurrenten ihn liebevoll aufhoben und dann alle Arm in Arm die Ziellinie überquerten.

Diese Läufer bei den Special Olympics riefen mir Jesus und seine Regeln ins Gedächtnis. Ich dachte daran, wie er bewußt die Geschichte von dem Hirten erzählte, der nicht ruhen kann, wenn auch nur eines seiner Schafe vermißt wird, obwohl die neunundneunzig anderen bei ihm sind ... über den Vater, der am Weg steht und auf die Rückkehr seines verlorenen Sohnes wartet, obwohl er einen Sohn zu Hause hat, der ihm brav und gut dient ... von dem König, der ein Festmahl gibt und die Speisen erst dann auftragen läßt, wenn jeder Platz an der großen Tafel besetzt ist ...

Und ich frage mich, wie es in dieser Welt aussehen würde, wenn wir diese Regel beherzigten: daß wir nur gemeinsam oder gar nicht gewinnen können.

Menschen, die die Ziellinie zuerst überqueren, würden motiviert sein, umzukehren und den anderen, weniger Tüchtigen, herüberzuhelfen. Ich las vor kurzem, daß die Behörden den Brandstifter ermitteln konnten, der die Scheune eines Farmers, Mitglied der Amish-Sekte, angezündet und zerstört hatte. Es war ein Jugendlicher, ebenfalls Mitglied jener Sekte, der die Tat aus Rebellion begangen hatte. Als die Presse den Farmer fragte, welche Strafe der Junge seiner Meinung verdient hätte, schüttelte der Mann den Kopf und sagte mit Tränen in den Augen: „Eigentlich haben wir ihn irgendwie hängenlassen. Ich sage: ‚Komm nach Hause, Sohn, und laß uns reden.'" Eine erfolgreiche Ernte bedeutete nichts, wenn das System auf irgendeine Weise an einem Jugendlichen versagt hatte.

In einem Bericht von Associated Press war kürzlich folgendes zu lesen: „Pensionierte Ärzte haben, in der Hoffnung, die Kluft zwischen Arm und Reich auf Hilton Head Island zu verringern, eine Gratisklinik für die Dienstmädchen, Gärtner, Kellnerinnen und anderen Angestellten, die das mondäne Domizil in Schuß halten, errichtet. ‚Das Gesundheitssystem auf dieser Insel wurde auf die reichen Schichten zugeschnitten', sagte Dr. Jack McConnell, der die Idee dazu hatte. ‚Aber wenn eine Stadt einen Teil ihrer Bürger im Stich läßt, wird nie eine richtige Gemeinde entstehen können.'"

Dan Shaughnessy, ein Freund von mir, der eine erfolgreiche Beratungspraxis in Washington, D.C., verkaufte, um seine Talente an der Spitze der Wohltätigkeitsorganisation Project Concern einzusetzen, versteht dieses Konzept. Lori DeForti, eine junge Künstlerin aus San Diego, die als ersten Preis eines Wettbewerbs eine Plakatwerbefläche für 11.000 Dollar gestalten durfte und sie dann verwendete, um andere aufstrebende Künstler vorzustellen, versteht dieses Konzept. Die Frauen in Boston, die trotz ihrer arbeitsintensiven Karrieren Zeit finden, unverheirateten Müttern persönlich mit Rat und Tat zur Seite zu stehen, verstehen dieses Konzept. Mutter Teresa, freiwillige Aidshelfer und die Scharen von Heiligen und Engeln unter uns verstehen dieses Konzept.

Wir können nur gemeinsam oder gar nicht gewinnen.

Frage

Wie viele Ihrer Aktivitäten sind auf bloßes „Vorankommen" ausgerichtet?

Frage

In welcher Weise und bei welcher Gelegenheit haben Sie kehrtgemacht, um jemandem zu helfen, die Ziellinie zu überqueren?

ANHANG

Erbauliche Gedanken für Führungskräfte

- Ich sage stolz ICH BIN, da ich meine Stärken und gottgegebenen Talente genau kenne. Ich mache mir meine Stärken immer wieder verbal bewußt, denn ich weiß, Worte machen Kleider.

- Ich ging in die Wüste hinaus und lernte meine Stärken kennen. Ich verwende „Wüstenzeiten“, um meine Berufung und meine wahren Ziele klarer zu sehen.

- Ich habe eine klar definierte Mission. Ich nutze meine Zeit, um auf das Erreichen von Zielen hinzuarbeiten, die das Wahre, Tiefe und Erhebende in höchstem Maße verkörpern.

- Ich gestalte mein eigenes Schicksal. Ich werde mich zu dem entwickeln, woran ich glaube. Ich kann das tun, woran ich glaube.

- Was ich sage und worum ich bitte, verwirklicht sich für mich auf erstaunliche Weise und mit verblüffender Geschwindigkeit.

- Ich bleibe in ständigem Kontakt mit meiner Höheren Macht, da ich weiß, daß ich einen größeren Überblick brauche, um die Straße vor mir sehen zu können.

- Ich wage die schwierigen Dinge. Ich erfülle schwierige und komplexe Aufgaben mit Stärke und Entschlossenheit, da ich weiß, daß mir diese Hürden in den Weg gelegt wurden, um mich im Training zu halten und zu stärken.

- Ich brauche beziehungsweise suche nicht die Zustimmung anderer Menschen. Ich fühle eine innere Verbundenheit mit meiner Höheren Macht und höre auf die leise, ruhige Stimme, die als einzige weiß, welcher Pfad der richtige für mich ist.

- Ich bin leidenschaftlich für meine Sache engagiert, da ich weiß, daß Leidenschaft die Macht ist, die neues Leben, neue Freuden und neuen Fortschritt für mich und andere hervorbringt.

- Ich sehe die Dinge anders und bin immer bereit, Situationen unter neuen, belebenden Gesichtspunkten zu betrachten.

- Ich sehe andere und nehme mir Zeit, mich zu sammeln und sie in jedem heiligen Moment in meine Gedanken einzuschließen.

- Ich bin mir der Tatsache bewußt, daß nur Gott den Plan in seiner Gesamtheit kennt und ich ein Teil davon bin. Ich bin bereit zu tun, was auch immer die Höhere Macht von mir verlangt.

- Ich sporne mich und andere ständig an und bin nicht bereit, mich mit weniger als dem Höchsten zufriedenzugeben, zu dem ich berufen bin.

- Ich kann ruhig schlafen, da ich weiß, daß jeder von uns dazu aufgerufen ist, seine eigenen Entscheidungen zu treffen, und auch das Rüstzeug dazu bekommen hat.

- Ich habe keine Probleme damit, anderen Verantwortlichkeit für ihre eigenen Handlungen und die damit verbundenen Folgen, wie auch immer diese aussehen mögen, zu übertragen.

- Ich gebe anderen durch mein Beispiel Kraft. Ich stimme zu, daß maskuline und feminine Energie gleiche Rechte und Pflichten haben.

- Ich höre auf zu jammern und mache mich auf den Weg nach vorne, wobei ich Gottes Macht in jeder Situation nutze.

- Ich verbringe viel Zeit mit meinen Mitarbeitern, da ich weiß, daß Leben, Liebe und Lachen durch Osmose erlernt werden.

- Ich verleihe stets meinen innersten Gedanken und Gefühlen Ausdruck, egal in welcher Situation ich mich befinde.

- Ich spreche anderen in der Öffentlichkeit und unter vier Augen Anerkennung aus. Ich sehe Lob als die höchste Priorität auf jedermanns Gehaltsscheck.

- Ich schränke andere nicht ein und vergebe ihnen, da ich weiß, daß im Himmel frei sein wird, was auf Erden freigelassen wurde. Ich strebe danach, aufzusteigen. Ich gebe andere frei, damit ich selbst fliegen kann.

- Ich urteile über niemanden, da ich weiß, welch großen Energieverlust dies für mein Leben bedeutet. Die Verurteilung anderer liegt nicht in meinem Tätigkeitsbereich. Wenn ich über andere urteile, schieße ich automatisch übers Ziel und störe die Harmonie ... vor allem die Harmonie in mir selbst. Ich überlasse es der Höheren Macht, sich um das Leben anderer Menschen zu kümmern.

- Ich bete für andere und trage sie wie Inschriften Tag und Nacht an meinem Herzen. Meine Fürsorge gilt ihrem

Wohlergehen und Vorankommen. In der Stille meiner Gedanken zünde ich täglich Kerzen für sie an.

- Ich sehe die Arbeit mit Menschen als meine größte Freude, mein größtes Geschenk und meine größte Errungenschaft.

- Ich sehe andere als Gottes Geschenk an mich.

- Ich bin anderen Menschen und ihren Ideen gegenüber offen. Ich weiß, daß sie vielleicht die fehlenden Teile meines Puzzles ergänzen können. Ich erkenne ihren Beitrag offen und freimütig an. Ich gebe ihnen die Wertschätzung, die ihnen gebührt.

- Ich bin eine transparente Führungskraft. Ich weiß, daß meine Stärke in meiner Offenheit und Ehrlichkeit anderen gegenüber liegt.

- Ich glaube an andere. Ich suche stets das Gute in ihnen und glaube daran. Ich verteidige andere, denn wenn ein Spatz fällt, falle auch ich. Wir alle stehen in Beziehung zueinander.

- Ich verleihe anderen Autorität, da ich weiß, daß ich damit meinen Talenten und meinem Einfluß Hebelwirkung verleihe und die Menschen dazu befähige, vermehrt Gutes zu tun.

- Ich diene anderen, da ich weiß, daß wahres Dienen einen Kreislauf initiieren kann: Wenn ich anderen diene, wird auch mir gedient werden.

- Ich behandle jeden als mir ebenbürtig. Wir sind alle Könige und Königinnen verschiedener Reiche. Ich respektiere das Königliche in meinen Mitmenschen und weiß, daß wir alle – unabhängig vom äußeren Erscheinungsbild – königlich sind.

- Ich bin ständig in Feierstimmung. Ich sehe das Leben als eine einzige Gelegenheit, um zu feiern. Wann immer sich ein Anlaß bietet, kehre ich mein fröhliches Wesen heraus. Ich reiche anderen meinen Becher.

- Ich betrachte alles als lebendig.

- Ich habe einen Plan. Ich nutze täglich meine Zeit, um meinen Plan weiterzuentwickeln und umzusetzen. Ich lasse mich nicht durch andere ablenken oder durch Geschäftigkeit täuschen.

- Ich strecke meine Hand aus und berühre die zerbrechlichen Dinge. Ich bin mir der fragilen Seiten anderer Menschen bewußt. Ich finde Wege, wie ich diese Fragilität in meinem Leben bewahren, nähren und Zeit dafür erübrigen kann. Ich halte nach den Blumen am Rande der Autobahn Ausschau. Manchmal entscheide ich mich für die Landstraße.

- Ich rufe zur Entscheidung. Ich trachte danach, Entscheidungen zu treffen und Handlungen zu setzen. Ich glaube und weiß, daß die Wahrheit mich und andere frei machen wird.

- Ich weiß, daß mich meine Ängste immer begleiten werden. Ich fühle die Angst und gehe trotzdem mutig voran. Ich pflanze meine Samen, auch wenn Wolken am Himmel stehen.

- Ich überprüfe täglich meine Ressourcen und bringe sie jeweils auf den neuesten Stand. Ich weiß, daß alles, was ich erblicke, zu meiner Verfügung steht. Ich weiß, daß ich um alles bitten kann, was ich gerade brauche ... und es wird mir gegeben werden. Mein unerschütterlicher Glaube wird Wundervolles an mir vollbringen – das ist meine feste Überzeugung.

- Ich werde so viele Menschen wie möglich an die Spitze mitnehmen.

- Ich suche nach Wegen, das Leben von jedem, den ich kenne, zu verbessern und zu bereichern.

- Ich definiere die lohnenden Aspekte jeder Aufgabe ... für mich selbst und für die anderen. Auch in schwierigen und herausfordernden Zeiten halte ich mir diesen Lohn stets vor Augen.

- Ich dehne meinen Wirkungsbereich aus. Ich treibe meine Zeltpflöcke fest in den Boden, spanne meine Zelttücher aus und erweitere meines Zeltes Raum. Ich weiß, daß vor mir wunderbare neue Gebiete liegen.

- Ich bin heute zehnmal so kühn als gestern. Ich beweise Kühnheit und schreite zur Tat. So lautet meine Bestimmung.

- Ich manage mein Leben von innen nach außen. Ich sorge dafür, daß das Gras in meiner unmittelbaren Nähe frisch und saftig bleibt. Ich nehme mir Zeit, um die Menschen, die mir am nächsten stehen, zu informieren, zu unterrichten und zu umsorgen.

- Ich drücke mich klar und einfach aus. Mein *Ja* bedeutet *ja*, und mein *Nein* heißt *nein*. Ich verwende zwei Worte, wenn diese zwei Worte genügen. Meine Klarheit ist meine Macht.

- Ich bin bereit, aus der Reihe zu tanzen, wenn meine Armee nicht losmarschiert. Ich bin dazu berufen, ein Anführer zu sein, nicht ein Anhänger.

- Ich löse Ereignisse aus, statt nur über sie zu berichten. Ich gestalte jeden Tag für mich und andere positiv.

- Ich bringe die Dinge auf den Punkt. Ich suche nach dem wahren Sinn und verschwende weder Zeit noch Energie damit, mich unnötigen Zweifeln oder Unsicherheiten hinzugeben.

- Ich bin mir der Tatsache bewußt, daß Gott die Überraschung liebt. Ich biete mich selbst als Ressource an und vertraue darauf, daß mir die nötige Stärke verliehen wird.

- Ich habe Freude an anderen Menschen. Ich spiele und lache mit ihnen und genieße jeden Moment. Das sind die Perlen des Lebens. Sie kommen eine nach der anderen.

- Mein Wort klingt hinaus und erreicht seine Ziele.

- Ich fühle eine Bestimmung in mir. Ich bin dazu ausersehen, Erfolg zu haben.

- Ich mißachte die kleinen Dinge nicht, da ich weiß, daß kleine Samen das Potential zu Schönheit und Größe in sich tragen.

- Ich bemühe mich um Gott. Ich werde nicht müde, durch meine Taten meine Liebe zu Gott und anderen Menschen zu zeigen.

- Ich ändere den Maßstab. Ich akzeptiere keine überholten Standards, die nur dazu dienen, meine Größe und die der anderen zu unterdrücken.

- Ich sage: „Warum nicht ich?“ Ich bin bereit, Gottes Herausforderungen und Segnungen anzunehmen, wenn sie auf mich zukommen.

- Ich lasse los. Ich halte nicht krampfhaft und unnötigerweise an Menschen oder Projekten fest, die mich aus dem Gleichgewicht bringen.

- Ich stehe über den Dingen. Ich sehe die Dinge so, wie Gott sie sieht – von einem erhöhten Blickpunkt.

- Ich komme, um segnend zu wirken. Es ist mein Ziel, anderen auf vielfache Weise Segen zu bringen.

- Ich bin ein Umkehrungsspezialist. Keine Aufgabe ist zu schwierig für mich, wenn ich unter dem Einfluß der Omega-Kraft arbeite.

- Ich weiß, daß wir nur gemeinsam gewinnen können oder gar nicht. Ich bemühe mich, anderen auf dem Weg zum Heil beizustehen.

Epilog

Da ich jemand bin, der sich schon wegen der Schlußzeilen eines simplen Geschäftsbriefes das Gehirn zermartert, beschäftigt mich die Suche nach einem geeigneten Abschluß für *Jesus Christus, Manager,* die Erfüllung meines zwanzigjährigen Traums, schon seit geraumer Zeit. Als ich heute abend das fertige Manuskript auf meinen Wohnzimmertisch legte, bemerkte ich, daß es von drei meiner liebsten Kunstgegenstände umgeben war – einem Engel, einem Flötenspieler und einem Sporn. Plötzlich lag die Antwort klar auf der Hand. Ich bete, daß *Jesus Christus, Manager:*

- ein Engel sein wird, der uns an den Himmel gemahnt;
- ein Flötenspieler sein wird, der uns zum Tanz auffordert;
- und ein Sporn sein wird, der jeden von uns dazu beflügelt, mit neuer und gestärkter Kraft einen Schritt auf Gott, der uns alle liebt, zuzumachen.

Laurie Beth Jones

Anmerkungen der Autorin

Lieber Leser!

Ich zitiere nicht den exakten, wörtlichen, originalen Wortlaut in griechischer, hebräischer oder aramäischer Sprache der Schriften, auf die ich verweise. Mir geht es nur darum, die Essenz der Botschaft wiederzugeben. Ich zögerte anfangs sogar, Kapitel und Vers der Bibelstellen überhaupt anzugeben, hatte ich doch schon so oft miterlebt, wie das Zitieren aus der Bibel zu einer Art Heiligem Krieg eskalierte. Ich habe so viele Bibelfassungen in den letzten zwanzig Jahren studiert, daß ich mich nicht mehr an den genauen Wortlaut jeder Übersetzung erinnern kann. Meine Mutter bestand jedoch darauf, daß die Quellen stets genau angeführt werden (und recherchierte sie auch alle selbst), damit „niemand auf den Gedanken kommt, ich hätte sie mir ausgedacht", und auch damit alle Leser die Möglichkeit haben, die Stellen selbst nachzuschlagen und eigene Interpretationen zu finden.

Wenn ich in bezug auf Jesus das Fürwort „er" klein schreibe, soll dies in keinster Weise eine Herabsetzung seiner

Göttlichkeit sein oder diesen Anschein erwecken. Es ist nur ein Zugeständnis an einen moderneren Schreibstil. Ich glaube, daß Gott zu gleichen Teilen männlich und weiblich ist. Gott als „Sie“ zu bezeichnen, würde aber bei zu vielen Menschen nur Ablehnung und Unverständnis auslösen. Wir müssen nach einer Terminologie suchen, die beides mit einschließt. Mein religiöser Hintergrund ist eine Mischung aus Presbyterianismus, Methodismus und ökumenischem Christentum. Mein Urgroßvater war Laienprediger. Meine Großmutter sang in einem Gospelchor namens The Edwards Sisters, der bei Antialkoholikerversammlungen im ganzen Mittelwesten der USA auftrat. Einmal prangte ein Bild meiner Mutter auf der Titelseite unseres Lokalblattes, das sie mit geschlossenen Augen und erhobenen Händen zeigte – und dies justament einen Tag, nachdem mein Vater seufzend gemeint hatte: „Okay, Irene, geh zu diesen Gebetstreffen, wenn es unbedingt sein muß. Aber behalte es wenigstens für dich.“

Für mich ist die Bibel der schriftliche Beweis einer intensiven Liebesgeschichte zwischen uns und Gott. Ich glaube daran, daß wir durch unsere Handlungen dieser Liebesgeschichte jeden Tag ein Kapitel hinzufügen können.

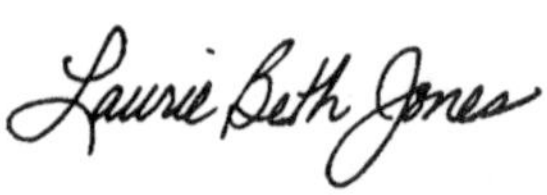

Anmerkung zur deutschen Übersetzung: So wörtliche Zitate aus der Bibel verwendet werden, stützt sich die deutsche Übersetzung großteils auf: „Prof. Dr. Vinzenz Hamp/Prof. Dr. Meinrad Stenzel/Prof. Dr. Josef Kürzinger (Hrsg.): Heilige Schrift des Alten und Neuen Testamentes. Pattloch Verlag © 1988 Weltbild Verlag GmbH, Augsburg.“

Quellenangaben

1. Markus 1:16, 3:14-18, Stab und Anhänger
2. Matthäus 4:1-11, Wüstenerfahrung
3. Johannes 4:25-26; Lukas 22:27; Johannes 8:23, 10:38, 10:36, 10:7, 10:11,10:25, 13:13, 14:6; Johannes 15:5, 18:37, 6:48, 6:51, 16:28, 10:7. 8:58; Matthäus 11:29, 12:8, 28:20
4. Exodus 3:14-15, Gottes Name
5. Johannes 10:36, Erklärte sich zum Sohn Gottes
6. Isaias 55:11, So steht es auch mit meinem Wort
7. Johannes 8:29, Ich tue allezeit, was ihm wohlgefällig ist
8. Johannes 11:42, Gott erhört meine Gebete
9. Johannes 12:42-43, Ehre bei den Menschen
10. Matthäus 10:14, Staub von euren Füßen
11. Matthäus 7:6, Perlen vor die Schweine
12. Lukas 8:43-46, Wer ist es, der mich berührte?
13. Isaias 50:7, Wie Kieselgestein verhärtete ich deshalb mein Antlitz
14. Johannes 18:11, Soll ich den Kelch nicht trinken?
15. Johannes 11:41-42, Er dankte Gott
16. Johannes 17:6-7, Dankte Gott für seinen Stab
17. Johannes 6:9-13, Der Lunch eines Knaben
18. Matthäus 18:19-20, Zwei oder mehr
19. Johannes 14:2, Ich gehe hin, euch eine Stätte zu bereiten
20. Matthäus 6:25-34, Warum macht ihre euch Sorgen?
21. Genesis 1:26, Adam und Eva
22. Genesis 13:17, All dieses Land will ich dir schenken
23. Johannes 5:45, Denkt nicht, daß ich euch anklagen werde
24. Johannes 21:21-22, Petrus, was geht es dich an?
25. Lukas 23:40-43, Dieb am Kreuz
26. Markus 9:17-27, Junge mit epileptischen Anfällen

27. Numeri 22:28, Bileams Esel spricht
28. Johannes 18:10, Petrus trennt das rechte Ohr eines Soldaten ab
29. Matthäus 21:12, Geldwechsler
30. Offenbarung 3:15, Warm oder kalt
31. 1 Könige 18:37-39, Elias und Baals Propheten
32. 2 Könige 2:9-14, Extra große Dosis von Elias' Geist
33. Johannes 13:37-38, Kannst du mir wirklich folgen?
34. Isaias 32:8, Der Edle
35. 2 Samuel 16:5-11, David verfluchen
36. Johannes 19:10-11, Macht von oben
37. 2 Samuel 23:5, In allem wohlgeordnet
38. Matthäus 17:27, Fisch, Münze, Steuern
39. Matthäus 21:2, Ihr werdet eine Eselin finden
40. Johannes 8:14, Ich weiß, woher ich gekommen bin
41. Johannes 19:11, Keine Macht über mich
42. 1 Korinther 13:12, Ich werde erkennen
43. Matthäus 22:30, Alle sind lebendig
44. Johannes 21:25, Die Welt würde die Bücher nicht fassen
45. Johannes 5:15-17, Mein Vater wirkt bis jetzt
46. Johannes 19:26, Johannes, Maria ist nun deine Mutter
47. Matthäus 9:24-25, Das Mädchen ist nicht gestorben
48. Markus 9:35-37, Erster, Letzter
49. 1 Samuel 17, David und Goliath
50. Johannes 1:45-46, Etwas Gutes aus Nazareth
51. 1 Samuel 17:33-37, Brennendes Herz
52. Exodus 3:2-10, Brennender Dornbusch
53. Ester 2-8, Brennendes Haus
54. Isaias 54:2, Erweitere deines Zeltes Raum
55. Deuteronomium 11:24, Jede Stelle, die eure Fußsohle betritt
56. Psalm 108:10, Auf Edom setze ich meinen Schuh
57. Jeremias 23:5, Der Sproß des Herrn
58. Matthäus 22:37, Du sollst den Herrn, deinen Gott, lieben
59. Johannes 1:14, Und das Wort wurde Fleisch
60. Johannes 18:8, Laßt diese hier gehen
61. 2 Samuel 14:28-33, Steckt den Acker in Brand
62. Matthäus 26:6-13, Gefäß voll kostbarem Salböl zerbrochen
63. Matthäus 26:47-49, Judas verriet ihn
64. Matthäus 4:19, Menschenfischer
65. Johannes 4:13, Nie mehr durstig sein
66. Sprüche 29:18, Ohne Offenbarung, verkommen

67. Markus 10:21, Blickte ihn an, von Liebe zu ihm erfüllt
68. Hebräer 13:2, Ohne es zu wissen, Engel beherbergt
69. Galater 3:28, Alle seid ihr eins in Christus Jesus
70. Matthäus 7:7-8, Bittet, und es wird euch gegeben werden
71. Matthäus 7:9-10, Ihm einen Stein gäbe?
72. Genesis 2:19, So lautet sein Name
73. Johannes 11:41-42, Vater, ich danke dir, daß du mich erhört hast
74. Matthäus 28:9-10, Der Auferstandene erscheint den Frauen
75. Johannes 20:24-25, Thomas wollte nicht glauben
76. Lukas 1:26-35, Junge Maria
77. Lukas 8:3, Frauen unterstützten Jesus und seine Mitarbeiter
78. Matthäus 28:1-10, Frauen erkannten als erste die Auferstehung an
79. Lukas 24:13, Weg nach Emmaus
80. Matthäus 27:19, Pilatus Frau
81. Lukas 17:20-21, Das Reich Gottes ist in eurer Mitte
82. Vater unser, siehe oben
83. Matthäus 17:2; Markus 9:2-3; Lukas 9:29, Sein Gewand wurde strahlend weiß
84. Sprüche 28:13, Wer verheimlicht, hat kein Glück, bekennt/Gnade
85. Matthäus 16:17-18, Auf diesen Felsen
86. Apostelgeschichte 11:1-18, Petrus zu den Heiden gesandt
87. Johannes 10:10-11, Leben in Fülle
88. Matthäus 13:45-46, Kostbare Perle
89. Lukas 22:61, Dreimal verleugnet
90. Johannes 21:15-17, Weide meine Schafe
91. Exodus 20:7, Den Namen des Herrn nicht unnütz aussprechen; Deuteronomium 28: 58-62, Plagen als Strafe für Mißachtung
92. 1 Chronik 13:9, Ussa berührte die Bundeslade und der Herr streckte ihn nieder
93. Leviticus 21:17-21, Körperliche Gebrechen
94. Leviticus 15:19, Unreinheiten
95. Deuteronomium 34:10, Niemand außer Moses durfte mit ihm reden
96. Matthäus 4:23, Lehren, predigen und heilen
97. Johannes 8:11, Geh hin und sündige fortan nicht mehr
98. Johannes 6:5-9, Woher werden wir Brote kaufen, damit diese zu essen haben?
99. Matthäus 18:18, Binden und lösen
100. Matthäus 28:20, Ich bin mit euch alle Tage
101. Johannes 13:14-15, Ein Beispiel geben
102. Exodus 28:15, Brustschild oder Ephod

103. Isaias 49:15-16, Des Menschen Name auf seinen Händen
104. Lukas 12:6-7, Die Haare eures Hauptes
105. Lukas 3:22, Mein geliebter Sohn, ich fand Wohlgefallen
106. Lukas 9:35, Mein Sohn, auf ihn sollt ihr hören
107. Lukas 19:2-5, Zachäus
108. Markus 10:13-15, Und sie brachten Kinder zu ihm
109. Johannes 6: 66-69, Wollt nicht auch ihr weggehen?
110. Matthäus 26:38, Werdet ihr im Garten mit mir warten?
111. 1 Samuel 17:18-20, David und Jonatan
112. Matthäus 23:37, Jerusalem, Jerusalem
113. Johannes 11:35, Jesus weinte
114. Johannes 7:29, Ich tue stets, was Gott von mir will
115. Johannes 11:42, Gott erhört mich allezeit
116. Johannes 21:9-13, Er bereitete ihnen ein Picknick
117. Lukas 10:35, Der Barmherzige Samariter
118. 2 Chronik 10:7, Bist du wohlwollend gegen dieses Volk
119. 1 Korinther 13:13, Das Größte ist die Liebe
120. Matthäus 22:36-39, Du sollst den Herrn, deinen Gott, lieben aus deinem ganzen Herzen
121. 1 Johannes 3:23, Kindlein, liebet einander
122. 1 Korinther 13:4-7, Nachsicht üben und gütig sein
123. Markus 2:23, Am Sabbat Weizen essen
124. Matthäus 23:24, Mücke und Kamel
125. Johannes 8:3-7, 11, Er schrieb auf die Erde
126. Lukas 7:18-20, 28, Cousin Johannes zweifelt
127. Matthäus 17:17-18, Ungläubiges und verkehrtes Geschlecht
128. Matthäus 9:36-37, Die Ernte ist groß
129. Matthäus 10, 1-23, Er gab ihnen klare Anweisungen
130. Lukas 23:33-34, Vater, vergib ihnen
131. Lukas 22:19, Brot und Wein
132. Johannes 17:6, Diese Menschen waren deine Geschenke an mich
133. Markus 10:17-22, Er blickte ihn an und war von Liebe zu ihm erfüllt
134. Matthäus 7:7-8, Klopfet an
135. Johannes 13:1, Er zeigte sie den Seinen, die er in dieser Welt liebte
136. Johannes 17:9-10, Und verherrlicht bin ich in ihnen

Beitrittsangebot

Wenn Sie Informationen über bevorstehende Seminare, Treffen, Vorträge, ganz- oder halbtägige Leadership- und Trainingsprogramme, Unterrichtsunterlagen und Online-Kollegs für die Programme „Jesus Christus, Manager“ und „The Path“, persönliche telephonische Beratungsgespräche mit Laurie, ein Master-/Mentor-Programm für einzelne Interessenten, Audiokassetten mit Songs sowie Kinderbücher erhalten wollen, senden Sie bitte Ihren Namen, Adresse, Firmennamen, Fax- und Telephonnummer an:

The Jesus, CEO Foundation
813 Summersong Court; Encinitas, CA 92024
Tel.: (619) 753-7251 / Fax: (619) 634-2707
E-Mail: jnsgroup@aol.com
Website: http://www.lauriebethjones.com

Ebenso würden wir uns freuen, von Ihnen zu hören, wenn Sie das Omega-Managementprinzip erfolgreich angewandt haben. Vielleicht veröffentlichen wir Ihre Geschichte in kommenden Rundschreiben oder Artikeln.

Danksagung

Da es ein Omega-Prinzip ist, anderen die ihnen gebührende Anerkennung zuteil werden zu lassen, messe ich diesem Privileg große Bedeutung bei.

Ich bin allen, die dieses Buch möglich gemacht haben, zu tausend Dank verpflichtet.

Dr. Sandra Marleen Harrison opferte einen Teil ihrer Sommerferien, um mein umfangreiches Rohmanuskript durchzuarbeiten, und teilte mir dann, ihre Füße bequem auf meinem Balkongeländer ruhend, mit: „Laurie. dieses Werk ist mindestens ebenso wichtig wie all deine anderen Verpflichtungen. Bring es zu Ende." Dominic Giambonas Hilfe und Unterstützung kam wie ein Rettungsanker an einem kritischen Wendepunkt, als Mary und ich darüber nachdachten, wie wir es schaffen sollten, gleichzeitig eine Werbeagentur zu führen, uns durch die Rezession in Kalifornien zu manövrieren und ein Buch über Jesus zu schreiben. Lawreve und Siegfried Widmar waren von meinen Grundsätzen ganz begeistert und luden mich herzlich ein, diese bei ihrer ersten Geschäftskonferenz vorzutragen. Renee Tepper und Karen Van Dyke drängten mich, das Konzept bei der regionalen

Frauenkonferenz in San Diego zu präsentieren, wo sich die vierhundert Anwesenden voll dahinterstellten, was uns ungeheuren Auftrieb für die weitere Arbeit gab. Cynthia Lee Hill redigierte den ersten Entwurf liebevoll und unterstützte mich während seiner verschiedenen Entwicklungsphasen. Becky Colgan, Shelly Hardy, Marta Meler und Terri Whitehead verbrachten unzählige Stunden mit dem Schriftsatz und der Feinarbeit. Dee Jones hat in verschwenderischem Maße Zeit und Talent in die Entstehung des Buches investiert.

Julie Castiglia, meine phänomenale Literaturagentin (die mich lachend daran erinnerte, daß ihre Initialen „J. C." sind), klapperte in einer der größten Hitzewellen, die New York je erlebt hatte, persönlich zahllose Verlage ab und hegte nie den geringsten Zweifel, daß das Buch seine perfekte Heimstätte finden würde. Bob Miller und Mary Ann Naples, meine Herausgeberin mit der Engelsstimme, setzten sich bei Hyperion für das Buch ein. Sie erfaßten meine Vision enthusiastisch und arbeiteten mit mir an ihrer größtmöglichen Vollendung. Laurie Chittenden, Lisa Kitei und Carol Perfumo vom Verlag Hyperion leisteten ebenfalls einen wesentlichen Beitrag an diesem Projekt.

Meine Klienten waren oft eine Quelle der Inspiration für mich. Ken Creasman, Geschäftsführer von Community Care of America, Inc., bot mir die einmalige Chance, diese Grundsätze an einem Unternehmen zu erproben und zu demonstrieren, das drauf und dran ist, die Gesundheitsvorsorge im ländlichen Amerika zu revolutionieren. Durch die vielen hervorragenden Ärzte und Mitarbeiter der amerikanischen Akademie für Osteopathie, sowie die unzähligen Spitäler, Colleges und staatlichen Verbände, die sich der Lehre der osteopathischen Heilmethode verpflichtet haben, konnte ich mir einen Begriff von den Managerqualitäten der Führungskräfte auf dem aufregenden, herausfordernden Gebiet der Gesundheitsvorsorge machen. Bill Dowdy und Bernie Krupa von ServiceMaster bestätigten mir, wie wertvoll die Einbringung von Spiritualität in den Geschäftsalltag ist. Von Rinaldo Brutoco erfuhr ich zum ersten Mal von der Weltwirtschaftsakademie und anderen Organisationen, die es sich zur Aufgabe machen, neue Maßstäbe für die Geschäftswelt zu suchen und zu schaffen. George Marks und Mary Ellen Drummond erschienen mir wie Engel, als ich sie brauchte. Tino Ballesteros, Arturo Bañuelos, Wendy Craig-Purcell, Sam Faraone, Don Forsman, Marcia Geckler, Renee Geiger und Beth Harrington sind Prediger und haben mich jeder auf seine Art in besonderem Maße ermutigt und inspiriert. Colene Absalom und Willy Bonkers sorgten für meine Verpflegung und Aufheiterung, als ich viele heiße Tage lang draußen auf der Gold Rock Ranch an meinem Buch schrieb.

Ich bin mir völlig klar darüber, daß jede Person, die einem im Leben begegnet, es formen hilft. Menschen, unter deren schattigen Ästen ich mich ausruhen konnte und die mich während meiner Reise labten, sind: Sylvia Alcantar, Nancy Borrettloiselle, Clyde und Dulce Boyer, Sandra Carrillo, Jeffrey D. Cohen, Sandy Cooper, Fred Davis, Jo Ann Dempsey, Dennis Deniger, Stephen Dunn, Rita Esparaza,

Ron Estep, Bill Filippone, Diane Gardner, Carla Gasway, Dick Gingery, Phil Greening, Frenchie Guajardo, Arnie Hammer, Marilyn Hall Day, Mary Ann Higgins, Harry Lee Hudspeth, Dee Jibillian, Gail Kingsbury, Bill Krystopowicz, Luann Linquist, Cinda Lucas, Mary Marcdante, Martine Marcello, Leland Marple, Linda Marraro, Nanci McGraw, Jose Melendez, Phyllis Michel, Mona Moon, Ayde Nieto, John Purcell, Richard Rierdan, DJ Ryan, Sally Scaman, Mary Scott, Dan und Judy Shaughnessy, Mary Sheldon, Rudy und Rose Ann Smith, Edgar Songy, Don Stadelli, Tom und Jan Sterrett, Margie Thomas, Pat Uri, Anne Westrope, Ginita Wall und Sumner Walz.

Durch meine Arbeit, die mich mit dem medizinischen Zweig der Osteopathie in Verbindung brachte, gewann ich viele talentierte Ärzte und Kollegen als Freunde. Dazu zählen: David Abend, Alan und Honey Becker, John Bowling, Barbara Briner, Boyd Buser, Mark Cantieri, Constance Cashen, Isabelle Chappello, Tony Chila, Joe Colturi, Norval Copeland, Eileen DiGiovanna, Eric und Robin Dolgin, Mary Eckert, George Eistetter, Joe Ferguson, Viola Frymann, John Goodrich, Ann Habenicht, Ray Hruby, Bob Jones, John Jones, Marty und Mitch Kasovac, William und Mike Kuchera, David Kushner, Barbara Ross Lee, Judy Lewis, Stan Louie, John McHugh, Jill Ellen McKee, James Murphy, Steve Noone, Judy O'Connell, Ted Podleski, Lisa Rader, Randy und Judy Roulier, Margaret und Harry Royson, Jay Sandelin, Roger Spoelman, Karen Steele, Melicien A. Tettambel, Mary Theodoras, Rick Vincent, Harlan Wright, Bill Wyatt und Herb und Terry Yates.

Weitere Freunde, die mich ermutigt und mir geholfen haben, sind: Tony Alessandra, Camille Ashcraft, Bob Baker, David Brown, David Cowan, Sheryl Dacso, Bob DiBaudo, Christine Elliott, Jolene Fullerton, Nancy Gardner, Nancy Haller, Mary Ellen Hamilton, Ben Ivey, Bennie, Wade und Tara Ivey, Marion Keller, Mickey und Charlene Kesselman, Joanne Kezas, Charles und Rebecca Lawrence, Steve Leatherwood, Vicky Ledet, Sari Love, Richard Marks, Dale Martin, Lorrie McGrath, Pam Means, Susanna Palomares, Linda Pinson, Wayne Pitchard, Jenni Prisk, Sarah Race, Robert Rankin, Joel und Patti Ray, John und Bonnie Rush, Harold Ryan, Mike Scott, Lynn Siebrandt, Jody Simms, Susan Smith, Maureen Sweeney, Helene Theodoras, Priscilla Trowbridge, Mike Vandergreen, Debbie Voltura, Diane White und Jim Williams.

Ich schulde Pearl Crouch für meine ganze Karriere Dank – sie war meine Journalistik-Professorin in der High-School und glaubte von ganzem Herzen an das Talent ihrer Studenten. Linda Sterrett Marples Freundschaft, die sich durch ein liebevolles und nun schon so lange anhaltendes Vertrauen in meine Person auszeichnet, verdient eigentlich ein eigenes Buch. Beau Black und Deborah Kelly Owens waren während meiner ganzen High-School-Jahre Bewunderer und Verfechter meiner Schreibkunst.

Meine Schwester, Kathy Jones Ivey, ist einer der herzlichsten, humorvollsten Menschen auf Erden, und mein witziger, liebevoller und hilfsbereiter Bruder, Joe Jones, hat dazu beigetragen, eine Atmosphäre bei uns zu Hause zu schaffen (die er im weiteren zu ertragen hatte), in der Wortspiele und Mutterwitz an der Tagesordnung waren. Wenn es eine „wortspielfreie" Zone im Himmel gibt, dann haben die zwei sie sicherlich verdient. Danke für Eure Liebe, die Ihr mir all die Jahre entgegengebracht habt.

Grenzenloser Dank gilt meiner Mutter, Irene Jones, für die Wiegenlieder, den Kunstunterricht und den Glauben an das Weibliche. Catherine Calhoun, eine der intelligentesten und begabtesten Berater in Organisationsentwicklungsfragen, hat als erste meine Begeisterung für das Potential von spirituellen Werten in der Geschäftswelt geweckt. Ich weiß, daß diese Grundsätze ohne ihren tiefgreifenden Einfluß niemals das Licht der Welt gesehen hätten.

Ich möchte auch Mary Ellen Dempsey meinen tiefsten Dank aussprechen, deren Frohsinn, hindernisbeseitigender Glaube und unglaubliche Fähigkeit, jedes Chaos in Ordnung zu bringen, mir die Zeit und Energie gaben, dieses Buch zu schreiben. Ich denke manchmal, daß sie ein Engel ist, der speziell dazu gesandt wurde, mir zu helfen.

Und schlußendlich, ein Danke an Jesus, meinen Manager, der noch immer mit mir lacht, mir zuhört und mir zuflüstert. Ich bete, daß Du diese Arbeit Deines Namens würdig erachtest.

Laurie Beth Jones

Die Autorin

Laurie Beth Jones ist Präsidentin und Gründerin der „Jones Group“, einem Werbe-, Marketing- und Wirtschaftsentwicklungsunternehmen, dessen Mission es ist, „die göttliche Einzigartigkeit zu erkennen, zu fördern und anzuregen.“ Zusammen mit ihrer Geschäftsteilhaberin Mary Ellen Dempsey und einem beflügelten Team von Experten ist sie auf Marketing im Bereich der Gesundheitsvorsorge spezialisiert.

Die Autorin, die im Internationalen „Who's Who“ als ehemalige Präsidentin der in El Paso ansässigen Zweigstelle der „American Women in Radio and Television“ zu finden ist, wurde als eine der ersten mit dem Prädikat „Most Notable Women in Texas“ ausgezeichnet, bekam den Titel „Outstanding West Texas Scholar“ und ist Mitglied von „Leadership El Paso“ und „Lead San Diego“. Sie gewann zahlreiche Preise auf den Gebieten Design, Werbetexte, Lyrik, Rhetorik ... und Racquetball.

Die Idee für „Jesus Christus, Manager“ wurde in den Bergen von New Mexico geboren, wo sie einige Zeit lebte und mit ihrem braunen Hund Shiloh den Stimmen des Waldes lauschte. Nachdem sie sich aus einer unglücklichen Ehe gelöst und aus einem religiösen Korsett befreit hatte, um ihren eigenen Pfad zu Gott zu finden, gelangte sie zu dem Glauben, daß Gott jedem von uns die Freiheit läßt, seinen Weg zu wählen. Sie schrieb zwei Musicals und mehr als 200 Lieder, verfaßte einige Lyrikbände und ist nach wie vor „tief bewegt von der spirituellen Suche“.

Susan Bixler / Lisa Scherrer

Handle, denn es küßt dich niemand wach!

Der „Jetzt-oder-nie-Aktionsplan" für erfolgreiches Selbstmanagement

„Eine geballte Ladung von Ideen, wie Sie Ihr berufliches Fortkommen selbst managen können." TREND

ISBN 3-85436-229-3 / 248 Seiten
DM 48,– / öS 350,– / sFr 44,50

Jaclyn Kostner

König Artus und die virtuelle Tafelrunde

Wie Sie Teams aus der Ferne zu Höchstleistungen führen

„Der US-Bestseller liefert geniale Strategien für professionelle Teamführung."
HANDELSZEITUNG

ISBN 3-85436-248-X / 188 Seiten
DM 39,80 / öS 291,– / sFr 37,–

Barbara Bailey Reinhold

Arbeit • Droge oder Elixier

Von Überlastung, Streß und Burnout-Syndrom zum Rundum-Glücklichsein

„Wirksame Strategien gegen ungute Arbeitsbedingungen."
BERLINER MORGENPOST

ISBN 3-85436-204-8 / 288 Seiten
DM 39,80 / öS 291,– / sFr 37,–